Der Garten der Granatäpfel

Für

ANKH·AF·NA·KHONSU

dem Priester der Fürsten,
dem ich dieses Werk dankbar widme.

Israel Regardie

Der Garten der Granatäpfel

EIN ÜBERBLICK ÜBER DIE KABBALA

Aus der zweiten überarbeiteten und erweiterten Ausgabe.

Impressum

Bibliografische Information der Deutschen Nationalbibliothek:
Die Deutsche Nationalbibliothek verzeichnet diese Publikation in der
Deutschen Nationalbibliografie; detaillierte bibliografische Daten sind im
Internet über http://dnb.dnb.de abrufbar.

Lektorat: Rafaela Wollsperger

Verlag: BoD · Books on Demand GmbH, Überseering 33,

22297 Hamburg, bod@bod.de

Druck: Libri Plureos GmbH, Friedensallee 273, 22763 Hamburg

ISBN: 978-3-7693-1578-3

Was ist die Kabbala? Der Autor hat eine einfache, prägnante Beschreibung verfasst, die dennoch die grenzenlose Schönheit des Systems umfasst:

Die Kabbala ist ein vertrauenswürdiger Leitfaden, der zum Verständnis sowohl des Universums als auch des eigenen Selbst führt.

Die Absicht des Autors:

... eine prägnante, aber umfassende Einführung, gespickt mit Diagrammen und Tabellen mit leicht verständlichen Definitionen und Entsprechungen, um dem Schüler das Verständnis eines so komplexen und abstrusen Themas zu erleichtern.

Die Hoffnung des Autors:

Möge jeder ... ermutigt und inspiriert werden, seine eigene Kerze der inneren Vision anzuzünden und seine Reise in den grenzenlosen Raum zu beginnen, der in ihm selbst liegt.

Dann kann jeder Schüler durch die Erkenntnis seiner wahren Identität zu einem Licht auf seinem eigenen Weg werden. Und mehr. Das Bewusstsein der Wahrheit seines Seins wird den Schleier des Nichtwissens zerreißen, der bisher den Stern, der er bereits ist, eingehüllt hat, und dem

Glanz seines Lichts ermöglichen, die Dunkelheit des Teils des Universums zu erhellen, in dem er sich aufhält.

Beides wird in „Der Garten der Granatäpfel" erreicht.

Wenn ich mein Leben noch einmal leben könnte, wäre das Erste, was ich tun würde, ein völlig neues Symbolsystem zur Vermittlung meiner Ideen zu erfinden.

(JOHANN GOTTLIEB FICHTE.)

EINFÜHRUNG ZUR ZWEITEN AUSGABE

ES ist ironisch, dass eine Zeit des gewaltigsten technologischen Fortschritts der Geschichte auch als das Zeitalter der Angst bezeichnet wird. Unzählige Bücher wurden über die verzweifelte Suche des modernen Menschen nach seiner Seele geschrieben – und auch über seine Zweifel, ob er überhaupt eine hat, während so viele seiner liebgewonnenen Theorien, die lange Zeit für Wahrheiten gehalten wurden, wie Sandburgen in seinem verwirrten Gehirn zerbröckeln.

Der uralte Ratschlag „Erkenne dich selbst" ist wichtiger denn je. Das Tempo der Wissenschaft hat sich so beschleunigt, dass die heutigen Entdeckungen die Gleichungen von gestern oft überholt machen, bevor sie überhaupt an die Tafel geschrieben werden können. Kein Wunder also, dass jedes zweite Krankenhausbett von einem Geisteskranken belegt ist. Der Mensch ist nicht dafür geschaffen, sein Leben an einem Scheideweg zu verbringen, von dem einer, ohne zu wissen, wohin führt, und der andere zur drohenden Ausrottung seiner Art.

Angesichts dieser Situation ist es doppelt beruhigend zu wissen, dass selbst inmitten chaotischer Konzepte und Bedingungen noch eine Tür offen steht, durch die der einzelne Mensch in einen riesigen Wissensschatz eintreten kann, ein Wissen, das so zuverlässig und unveränderlich ist wie der gemessene Schritt der Ewigkeit.

Aus diesem Grund freue ich mich besonders, eine Einführung zu einer neuen Ausgabe von *A Garden of Pomegranates* zu schreiben. Ich bin der Meinung, dass der Bedarf nach einem solchen Leitfaden, wie ihn das kabbalistische System bietet, vielleicht nie dringender war. Er sollte für jeden gleichermaßen nützlich sein, der sich entscheidet, ihm zu folgen, ob er nun Jude, Christ oder Buddhist, Deist, Theosoph, Agnostiker oder Atheist ist.

Die Kabbala ist ein zuverlässiger Leitfaden, der zum Verständnis des Universums und des eigenen Selbst führt. Weise haben seit langem gelehrt, dass der Mensch eine Miniatur des Universums ist und die verschiedenen Elemente jenes Makrokosmos in sich trägt, dessen Mikrokosmos er ist. In der Kabbala befindet sich ein Symbol namens Lebensbaum, das zugleich eine symbolische Karte des Universums in seinen Hauptaspekten und seines kleineren Gegenstücks, des Menschen, ist.

Manly P. Hall beklagt *in The Secret Teachings of All Ages* das Versagen der modernen Wissenschaft, „die Tiefe dieser philosophischen Schlussfolgerungen der Alten zu erkennen". Würden sie dies tun, sagt er, „würden sie erkennen, dass diejenigen, die die Struktur der Kabbala erfanden, ein Wissen über den

Himmelsplan besaßen, das in jeder Hinsicht mit dem des modernen Gelehrten vergleichbar ist."

Glücklicherweise beginnen viele Wissenschaftler auf dem Gebiet der Psychotherapie, diesen Zusammenhang zu erkennen. In Francis G. Wickes' *The Inner World of Choice* wird darauf hingewiesen, dass „in jedem Menschen eine Galaxie von Wachstumspotenzialen existiert, die durch eine Abfolge von personalogischer Entwicklung und Interaktion mit der Umwelt gekennzeichnet sind". Sie weist darauf hin, dass der Mensch nicht nur ein individuelles Teilchen ist, sondern „auch ein Teil des menschlichen Stroms, der von einem Selbst gesteuert wird, das größer ist als sein eigenes individuelles Selbst".

Im *Buch des Gesetzes* heißt es einfach: „Jeder Mann und jede Frau ist ein Stern." Dies ist ein verblüffender Gedanke für diejenigen, die einen Stern für einen Himmelskörper hielten, aber eine Aussage, die von jedem bewiesen werden muss, der sich in das Reich seines eigenen Unbewussten wagt. Wenn er beharrlich bleibt, wird er erfahren, dass dieses Reich nicht durch die Grenzen seines physischen Körpers begrenzt ist, sondern eins mit den grenzenlosen Weiten des Weltraums ist.

Diejenigen, die, ausgerüstet mit den Werkzeugen der Kabbala, die Reise ins Innere unternommen und die Barrieren der Illusion überschritten haben, sind mit einer beeindruckenden Menge an Wissen zurückgekehrt, das genau der Definition von „Wissenschaft" im Winston's College Dictionary entspricht: „Wissenschaft: ein Wissensbestand, allgemeine Wahrheiten über bestimmte Tatsachen, die durch genaue Beobachtung und Nachdenken erlangt und deren Richtigkeit nachgewiesen wurde; Wissen, das unter Bezugnahme auf allgemeine Wahrheiten und Gesetze verdichtet, geordnet und systematisiert ist."

Ihre Erkenntnisse wurden immer wieder bestätigt und bewiesen, dass die Kabbala nicht nur die Elemente der Wissenschaft selbst enthält, sondern auch die Methode, mit der sie betrieben werden kann.

Wenn der kluge Reisende plant, ein fremdes Land zu besuchen, macht er sich zunächst mit der Sprache des Landes vertraut. Beim Studium von Musik, Chemie oder Infinitesimalrechnung ist eine spezifische Terminologie für das Verständnis jedes Fachs unerlässlich. Daher ist ein neuer Satz von Symbolen erforderlich, wenn man das Universum studiert, sei es innerhalb oder außerhalb. Die Kabbala bietet einen solchen Satz in unübertroffener Weise.

Aber die Kabbala ist mehr. Sie legt auch das Fundament, auf dem eine andere archaische Wissenschaft ruht – Magie. Magie ist nicht zu verwechseln mit dem Taschenspielertrick des Zauberers und wurde von Aleister Crowley als „die Wissenschaft und Kunst, Veränderungen im Einklang mit dem Willen herbeizuführen" definiert. Dion Fortune ergänzt dies treffend mit einem zusätzlichen Satz: „Veränderungen im Bewusstsein". Die Kabbala enthüllt die Natur bestimmter physischer und psychologischer Phänomene. Sobald diese erfasst, verstanden und in Beziehung gesetzt sind, kann der Schüler die Prinzipien der Magie nutzen, um Kontrolle über die Bedingungen und Umstände des Lebens auszuüben, die sonst nicht möglich wären. Kurz gesagt, Magie bietet die praktische Anwendung der Theorien der Kabbala.

Sie erfüllt noch eine weitere wichtige Funktion. Zusätzlich zu den Vorteilen, die sich aus ihrer philosophischen Anwendung ergeben, entdeckten die Alten einen sehr praktischen Nutzen für die wörtliche Kabbala.

Jedem Buchstaben des kabbalistischen Alphabets sind eine Zahl, eine Farbe, viele Symbole und eine Tarotkarte zugeordnet. Die Kabbala hilft nicht nur beim Verständnis des Tarot, sondern lehrt den Schüler auch, wie er alle diese Ideen, Zahlen und Symbole klassifizieren und organisieren kann. So wie Lateinkenntnisse einen Einblick in die Bedeutung eines unbekannten englischen Wortes mit lateinischer Wurzel geben, so ermöglicht die Kenntnis der Kabbala mit den verschiedenen Zuordnungen zu jedem Buchstaben des Alphabets dem Schüler,

Ideen und Konzepte zu verstehen und in Beziehung zu setzen, die sonst keinen erkennbaren Zusammenhang hätten.

Ein einfaches Beispiel ist das Konzept der Dreifaltigkeit in der christlichen Religion. Der Studierende ist oft erstaunt, wenn er durch das Studium der Kabbala erfährt, dass die ägyptische Mythologie mit ihrer Dreifaltigkeit der Götter, Osiris der Vater, Isis die jungfräuliche Mutter und Horus der Sohn, einem ähnlichen Konzept folgte. Die Kabbala weist auf ähnliche Entsprechungen im Pantheon der römischen und griechischen Gottheiten hin und beweist damit, dass die Vater-Mutter-(Heiliger Geist)-Sohn-Prinzipien der Gottheit ursprüngliche Archetypen der menschlichen Psyche sind und nicht, wie häufig und fälschlicherweise angenommen wird, eine Entwicklung, die der christlichen Ära eigen ist.

An dieser Stelle möchte ich auf eine Reihe von Zuschreibungen von Rittangelius aufmerksam machen, die normalerweise als Anhang zum *Sepher Yetsirah* zu finden sind. Darin wird eine Reihe von „Intelligenzen" für jeden der zehn Sephiroth und die 22 Pfade des Lebensbaums aufgeführt. Nach längerem Nachdenken scheint es mir, dass die üblichen Zuschreibungen dieser Intelligenzen völlig willkürlich sind und keine ernsthafte Bedeutung haben.

Kether wird beispielsweise „Die bewundernswerte oder die verborgene Intelligenz" genannt; es ist die ursprüngliche Herrlichkeit, denn kein erschaffenes Wesen kann seine Essenz erreichen." Das scheint vollkommen in Ordnung zu sein; die Bedeutung scheint auf den ersten Blick zur Bedeutung von Kether als erster Emanation von Ain Soph zu passen. Aber es gibt ein halbes Dutzend anderer ähnlicher Zuschreibungen, die ebenso gut gedient hätten. Man hätte es zum Beispiel die „verborgene Intelligenz" nennen können, die normalerweise dem siebten Pfad oder Sephira zugeschrieben wird, denn Kether ist sicher auf eine Weise geheim, die man von keiner anderen Sephira sagen kann. Und was ist mit der „absoluten oder vollkommenen Intelligenz"? Das wäre noch deutlicher und angemessener gewesen, da es auf Kether weit mehr zutrifft als auf jeden anderen Pfad. Ebenso gibt es eine, die dem 16. Pfad zugeschrieben und „die ewige oder triumphierende Intelligenz" genannt wird, so genannt, weil sie die Freude der Herrlichkeit ist, jenseits derer es keine ihr vergleichbare Herrlichkeit gibt, und sie wird auch das für die Gerechten vorbereitete Paradies genannt. Jede dieser verschiedenen hätte es gleichermaßen gutgetan. Vieles trifft auf viele der anderen Zuschreibungen in diesem speziellen Bereich zu – das sind die sogenannten Intelligenzen des Sepher Yetsirah. Ich glaube nicht, dass ihre Verwendung oder derzeitige willkürliche Verwendung einer ernsthaften Prüfung oder Kritik standhält.

Viele Zuschreibungen in anderen symbolischen Bereichen sind meiner Meinung nach derselben Kritik ausgesetzt. Die ägyptischen Götter wurden mit viel Nachlässigkeit und ohne ausreichende Erklärung der Motive für ihre Zuschreibung verwendet, wie ich es getan habe. In einer neueren Ausgabe von Crowleys Meisterwerk Liber 777 (das weniger ein Spiegelbild von Crowleys Geist ist, wie ein neuerer Kritiker behauptete, als vielmehr eine tabellarische Darstellung einiger der Materialien, die stückweise in den Wissensvorträgen des Golden Dawn gegeben wurden) gibt er zum ersten Mal kurze Erklärungen der Motive für seine Zuschreibungen. Auch ich hätte in den Erklärungen, die ich im Fall einiger Götter gegeben habe, deren Namen viele Male und höchst unzureichend verwendet wurden, wenn mehrere Pfade betroffen waren, viel deutlicher sein sollen. Es stimmt zwar, dass die religiöse Färbung der ägyptischen Götter während der turbulenten Geschichte Ägyptens von Zeit zu Zeit unterschiedlich war, aber dennoch hätten ein oder zwei Worte zu nur diesem einen Punkt einen nützlichen Zweck erfüllt.

Einige Passagen des Buches zwingen mich heute, zu betonen, dass die Kabbala, soweit sie betroffen ist, ohne die parteiischen Eigenschaften eines bestimmten religiösen Glaubens verwendet werden könnte und sollte. Dies gilt für das Judentum ebenso wie für das Christentum. Keiner von beiden hat, was dieses wissenschaftliche Schema betrifft, einen großen intrinsischen Nutzen. Wenn sich einige Studenten durch diese Aussage verletzt fühlen, lässt sich das nicht vermeiden. Die Zeit der meisten zeitgenössischen Glaubensrichtungen ist vorbei; sie waren für die Menschheit eher ein Fluch als ein Segen. Nichts von dem, was ich hier sage, sollte jedoch ein Licht auf die betreffenden Völker werfen, die diese Religionen annehmen. Sie sind einfach unglücklich. Die Religion selbst ist abgenutzt und stirbt tatsächlich aus.

Die Kabbala hat mit keiner von ihnen etwas zu tun. Versuche von Sektenanhängern, ihren nun sterilen Glaubensrichtungen durch die Kabbala usw. höhere mystische Bedeutungen zu verleihen, sind sinnlos und werden von der jüngeren Generation auch so gesehen. Sie, die Blumen- und Liebeskinder, werden von diesem Unsinn nichts wissen.

Ich habe das vor langer Zeit gespürt, und ich tue es immer noch, aber noch mehr. Die einzige Erklärung für die parteiische jüdische Haltung, die in einigen kleinen Abschnitten des Buches zum Ausdruck kommt, ist leicht zu finden. Ich hatte einige Schriften von Arthur Edward Waite gelesen, und etwas von seiner Wichtigtuerei und Geschwätzigkeit blieb mir im Gedächtnis. Seine herablassende christliche Haltung missfiel mir, und so schwang ich ganz auf die andere Seite des Pendels. Tatsächlich ist keiner der beiden Glaubensrichtungen heutzutage besonders wichtig. Ich muss darauf achten, Waite nie wieder zu lesen, bevor ich mich an meine eigene literarische Arbeit mache.

Vieles Wissen, das die Alten durch die Verwendung der Kabbala erlangten, wurde durch Entdeckungen moderner Wissenschaftler – Anthropologen, Astronomen, Psychiater usw. – unterstützt. Gelehrte Kabbalisten wissen seit Hunderten von Jahren, was die Psychiater erst in den letzten Jahrzehnten entdeckt haben – dass das Konzept des Menschen von sich selbst, seinen Göttern und dem Universum ein sich ständig entwickelnder Prozess ist, der sich ändert, während der Mensch sich selbst auf einer höheren Spirale entwickelt. Aber die Wurzeln seiner Konzepte liegen in einem Rassenbewusstsein verborgen, das dem Neandertaler um unzählige Äonen vorausging.

Was Jung archetypische Bilder nennt, steigt ständig aus dem riesigen Unbewussten, das das gemeinsame Erbe der gesamten Menschheit ist, an die Oberfläche des menschlichen Bewusstseins.

Die Tragödie des zivilisierten Menschen besteht darin, dass er vom Bewusstsein seiner eigenen Instinkte abgeschnitten ist. Die Kabbala kann ihm helfen, das notwendige Verständnis zu erlangen, um eine Wiedervereinigung mit ihnen zu bewirken, so dass er, statt von Kräften getrieben zu werden, die er nicht versteht, für seinen bewussten Gebrauch dieselbe Kraft nutzen kann, die die Brieftaube leitet, dem Biber beibringt, einen Damm zu bauen, und die Planeten in ihren festgelegten Umlaufbahnen um die Sonne hält.

Ich begann schon in jungen Jahren mit dem Studium der Kabbala. Zwei Bücher, die ich damals las, spielten unbewusst eine wichtige Rolle beim Schreiben meines eigenen Buches. Eines davon war „Q.B.L. oder der Empfang der Braut" von Frater Achad (Charles Stansfeld Jones), das ich zum ersten Mal um 1926 gelesen haben muss. Das andere war „Eine Einführung in das Tarot" von Paul Foster Case, das Anfang der 1920er Jahre veröffentlicht wurde. Es ist mittlerweile vergriffen und wurde durch spätere Versionen desselben Themas ersetzt. Aber wenn ich jetzt dieses schmale Buch durchsehe, merke ich, wie tiefgreifend sogar das Format seines Buches mich beeinflusst hat, obwohl in diesen beiden Fällen keine Spur von Plagiat zu finden war. Erst vor kurzem war mir bewusstgeworden, dass sie mir so viel bedeuteten. Da Paul Case vor etwa einem Jahrzehnt verstarb, gibt mir dies die Gelegenheit, ihm offen zu danken, wo immer er jetzt auch sein mag.

Mitte 1926 wurde ich auf die Arbeit von Aleister Crowley aufmerksam, für den ich großen Respekt hege. Ich studierte so viele seiner Schriften, wie ich finden konnte, machte mir ausführliche Notizen und arbeitete später mehrere Jahre als sein Sekretär, nachdem ich ihn am 12. Oktober 1928, einem denkwürdigen Tag in meinem Leben, in Paris getroffen hatte.

Es wurden alle möglichen Bücher über die Kabbala geschrieben, einige schlecht, einige wenige andere ausgesprochen gut. Aber ich verspürte das Bedürfnis nach einer Art Berlitz-Handbuch, einer knappen, aber umfassenden Einführung, gespickt mit Diagrammen und Tabellen mit leicht verständlichen Definitionen und Entsprechungen, um dem Studenten das Verständnis eines so komplizierten und schwer verständlichen Themas zu erleichtern.

Während einer kurzen Auszeit in North Devon im Jahr 1931 begann ich, meine Notizen zusammenzutragen. Aus diesen entstand nach und nach *A Garden of Pomegranates*. Ich gebe ohne Scham zu, dass mein Buch viele direkte Plagiate von Crowley, Waite, Eliphas Levi und D. H. Lawrence enthält. Ich habe zahlreiche Fragmente aus ihren Werken in meine Notizbücher aufgenommen, ohne die verschiedenen Quellen, aus denen ich meine Notizen zusammengetragen habe, einzeln zu zitieren.

Vor der Schließung der Mandrake Press in London um 1930/31 war ich eine Zeit lang als Unternehmenssekretärin angestellt. Neben mehreren Büchern von Crowley veröffentlichte die Mandrake Press ein hübsches kleines Monogramm von D. H. Lawrence mit dem Titel „Apropos of Lady Chatterley'~ Lover". Mein eigenes Exemplar begleitete mich viele Jahre lang auf meinen Reisen. Erst vor kurzem entdeckte ich, dass es verloren gegangen war. Ich hoffe, dass jeder meiner ehemaligen Patienten, der es ausgeliehen hatte, es mir unverzüglich zurückgeben wird.

Das letzte Kapitel des Gartens befasst sich mit dem Weg der Rückkehr. Es verwendete fast vollständig Crowleys Konzept des Pfades, wie es in seinem hervorragenden Essay „One Star in Sight" beschrieben wird. Darüber hinaus habe ich viel aus Lawrences Apropos entnommen. Irgendwie passte alles sehr gut zusammen. Mit der Zeit wurden all diese vielfältigen Anmerkungen ohne Anerkennung in den Text aufgenommen, ein Versehen, das mir heute sicher verziehen wird, da ich zu dieser Zeit erst vierundzwanzig war.

Einige moderne Naturanbeter und Mitglieder des neugegründeten und wiedererstandenen Hexenkults haben mir Komplimente zu diesem Schlusskapitel gemacht, das ich „Die Leiter" genannt habe. Darüber freue ich mich. Sehr lange Zeit war ich mit dem Thema Hexerei überhaupt nicht vertraut. Ich habe es völlig vermieden, da ich mich in keiner Weise von der Literatur dazu angezogen fühlte. Tatsächlich habe ich mich erst vor ein paar Jahren ein wenig mit dem Thema und der Literatur vertraut gemacht, nachdem ich „Die Anatomie der Eva" von Dr. Leopold Stein, einem Jungianischen Analytiker, gelesen hatte. In der Mitte seiner Studie von vier Fällen hat er ein äußerst informatives Kapitel zu diesem Thema eingefügt. Das regte mich dazu an, mich weiter mit diesem Gebiet zu befassen.

1932 reichte ich auf Anregung des Romanautors Thomas Burke mein Manuskript bei einem seiner Verleger ein, der Firma

Constable in London. Sie konnten es nicht verwenden, machten jedoch einige ermutigende Bemerkungen und rieten mir, es bei Riders einzureichen. Zu meiner Freude und Überraschung veröffentlichte Riders es, und die Reaktionen, die es im Laufe der Jahre hervorrief, zeigten, dass auch andere Studenten fanden, es würde ihren Bedarf nach einer komprimierten und vereinfachten Übersicht über ein so umfangreiches Thema wie die Kabbala erfüllen.

Das Buch war und ist für mich fünffach wichtig. 1) Es lieferte einen Maßstab, an dem ich meinen persönlichen Fortschritt im Verständnis der Kabbala messen konnte. 2) Daher kann es für den modernen Studenten einen gleichwertigen Wert haben. 3) Es dient als theoretische Einführung in die kabbalistische Grundlage der magischen Arbeit des Hermetic Order of the Golden Dawn. 4) Es wirft beträchtliches Licht auf die manchmal obskuren Schriften von Aleister Crowley. 5) Es ist Crowley gewidmet, dem Ankh-af-na-Khonsu, der im Buch des Gesetzes erwähnt wird – eine Widmung, die sowohl als Zeichen persönlicher Loyalität und Hingabe an Crowley diente, als auch eine Geste meiner spirituellen Unabhängigkeit von ihm.

In seiner tiefgründigen Untersuchung der Ursprünge und der grundlegenden Natur des Menschen machte Robert Ardrey kürzlich in African Genesis eine schockierende Aussage. Obwohl der Mensch mit der Eroberung des Weltraums begonnen hat, ist die Unwissenheit über seine eigene Natur, sagt Ardrey, „institutionalisiert, universalisiert und geheiligt worden". Er erklärt weiter, dass, wenn heute eine Bruderschaft der Menschen gebildet würde, „ihr einziges mögliches gemeinsames Band die Unwissenheit darüber wäre, was der Mensch ist."

Ein solcher Zustand ist sowohl bedauerlich als auch entsetzlich, da dem Menschen die Mittel zur Verfügung stehen, um ein gründliches Verständnis seiner selbst zu erlangen – und dabei auch ein Verständnis seines Nächsten und der Welt, in der er lebt, sowie des größeren Universums, von dem jeder ein Teil ist.

Möge jeder, der diese neue Ausgabe von *A Garden of Pomegranates* liest, ermutigt und inspiriert werden, seine eigene Kerze der inneren Vision anzuzünden und seine Reise in den grenzenlosen Raum zu beginnen, der in ihm selbst liegt. Dann kann jeder Schüler durch die Erkenntnis seiner wahren Identität zu einer Lampe auf seinem eigenen Weg werden. Und mehr. Das Bewusstsein der Wahrheit seines Seins wird den Schleier des Nichtwissens zerreißen, der bisher den Stern, der er bereits ist, umhüllt hat, und es der Brillanz seines Lichts ermöglichen, die Dunkelheit des Teils des Universums zu erhellen, in dem er sich befindet.

VORWORT

BASIEREND auf dem Vers im Hohelied „Deine Pflanzen sind ein Obstgarten mit Granatäpfeln" wurde im 16. Jahrhundert von Rabbi Moses Cordovero ein Buch mit dem Titel *Pardis Rimonim* geschrieben. Einige Autoritäten halten diesen Philosophen für die größte Lampe jener spirituellen Menora, der Kabbala, in der Zeit nach Sohar, die mit einer so seltenen Anmut und einer so üppigen Ausstrahlung des himmlischen Lichts die Literatur und religiöse Philosophie des jüdischen Volkes sowie seiner unmittelbaren und späteren Nachbarn in der Diaspora erleuchtete. Das englische Äquivalent von *Pardis Rimonim – Der Garten der Granatäpfel –* habe ich als Titel für mein eigenes bescheidenes Werk übernommen, obwohl ich gestehen muss, dass dieses weder in tatsächlicher noch in historischer Hinsicht etwas mit dem von Cordovero zu tun hat. Ich bin der festen Überzeugung, dass in der goldenen Ernte rein spiritueller Andeutungen, die die Heilige Kabbala bringt, ein wahrer Garten der Seele errichtet werden kann – ein Garten von immenser Größe und erhabener Bedeutung, in dem jeder von uns alle Arten exotischer Früchte und anmutige Blumen in exquisiten Farben entdecken kann. Der Granatapfel, darf ich hinzufügen, war für Mystiker überall schon immer ein beliebtes Objekt für geheimnisvolle Symbolik. Der Garten oder Obstgarten hat in dem Buch mit dem Titel „Das Buch der Pracht" ebenfalls einen nahezu unerschöpflichen Schatz spiritueller Bilder von hervorragendem und großartigem Geschmack hervorgebracht.

Dieses Buch geht also in der Hoffnung weiter, dass, wie es ein moderner Autor ausgedrückt hat:

„Es gibt nicht viele, die keinen geheimen Garten des Geistes besitzen. Denn nur dieser Garten kann Erfrischung spenden, wenn das Leben weder Frieden noch Nahrung noch befriedigende Antworten bietet. Solche Zufluchtsorte können durch eine bestimmte Philosophie oder einen bestimmten Glauben, durch die Führung eines geliebten Autors oder einer geliebten Kunst oder durch das Tasten nach der Wahrheit in den riesigen Reichen des Wissens erreicht werden. Sie umfassen fast immer Wahrheit und Schönheit und strahlen mit dem Licht, das es auf Meer oder Land nie gab."

(CLARE CAMERON, *Green Fields of England.*)

Sollte es Menschen geben, die das Pech haben, kein eigenes, mit ihren eigenen Händen erbautes Heiligtum zu besitzen, biete ich ihnen in aller Bescheidenheit diesen wohlgepflegten Granatapfelgarten an, der mir vermacht wurde. Ich hoffe, dass dort ein paar kleine Triebe, eine oder zwei seltene Blumen oder eine reife Frucht geerntet werden können, die als Kern oder Mittel für die Anlage eines solchen geheimen Gartens des Geistes dienen können, ohne den es weder Frieden noch Freude noch Glück gibt.

Es ist angemessen, dass dieser Arbeit, in der ich versucht habe, eine Darlegung der der Kabbala zugrundeliegenden

Grundprinzipien zu präsentieren, die als Lehrbuch für ihr Studium dienen sollen, ein Dankesschreiben an meine Vorgänger in der Kabbala-Forschung beigefügt ist. Ich habe gewissenhaft Streit und unnötige Kontroversen vermieden.

Ich bin Madame H. P. Blavatsky für ihre Schriften sehr dankbar und ich glaube, ich bin nicht zu egoistisch, wenn ich behaupte, dass ein richtiges Verständnis der hierin dargelegten Prinzipien viele subtile und philosophisch interessante Aspekte ihrer Geheimlehre aufdecken und zum Verständnis ihres monumentalen Werkes beitragen wird. Dasselbe gilt auch für S. L. McGregor Mathers' Übersetzung von Teilen des Sohar, *„Die Kaballah enthüllt"*, und für Arthur E. Waites ausgezeichnetes Kompendium des Sohar, *„Die Geheimlehre in Israel"*, die beide für die meisten Studenten mystischer Überlieferungen und Philosophie, die nicht über die spezialisierten vergleichenden Kenntnisse verfügen, die ich in dieses kleine Buch einfließen lassen wollte, im Wesentlichen verschlossene Bücher sind.

Ich möchte hier auf eine Abhandlung aufmerksam machen, deren Autor unbekannt ist. Sie trägt den Titel *Die 32 Pfade der Weisheit* und wurde von W. Wynn Westcott, Arthur E. Waite und Knut Stenring hervorragend übersetzt. Im Laufe der Zeit scheint diese Abhandlung in den Text der *Sepher Yetsirah* aufgenommen und mit diesem verbunden worden zu sein, obwohl einige Kritiker sie später datieren als die echten Mischnahs der Sepher Yetsirah. Bei der Nennung der Titel der Pfade aus dieser

Abhandlung habe ich sie jedoch in der gesamten Quelle als Sepher Yetsirah bezeichnet, um unnötige Verwirrung zu vermeiden. Es ist zu hoffen, dass in diesem Punkt keine negative Kritik aufkommt.

Da die Frage der Magie im letzten Kapitel dieses Buches kurz behandelt wurde, ist es vielleicht ratsam, hier darauf hinzuweisen, dass die Interpretationen bestimmter Lehren und einiger hebräischer Buchstaben sehr stark an magische Formeln grenzen. Ich habe jedoch absichtlich darauf verzichtet, tiefer auf die praktische Kabbala einzugehen, obwohl sich beispielsweise in der Erklärung des Tetragrammatons einige wertvolle Hinweise finden lassen, die sich als nicht unerheblich erweisen könnten. Wie ich bereits zuvor bemerkt habe, ist dieses Buch in erster Linie als elementares Lehrbuch der Kabbala gedacht, interpretiert als neues System zur philosophischen Klassifizierung. Dies muss meine beste Entschuldigung für das sein, was als Weigerung erscheinen mag, mich angemessener mit den Methoden der Erlangung zu befassen.

ISRAEL REGARDIE.

INHALT

LISTE DER DIAGRAMME

Der Garten der Granatäpfel

KAPITEL EINS

HISTORISCHER ÜBERBLICK

DIE Kabbala ist ein traditionelles Lehrbuch, das sich mit den gewaltigen Problemen des Ursprungs und der Natur des Lebens sowie der Evolution des Menschen und des Universums befasst.

Das Wort „Kabbala" leitet sich von der hebräischen Wurzel מכל (QBL) ab, die „empfangen" bedeutet. Der Legende nach ist diese Philosophie ein Wissen über Dinge, das zuerst von den Demiurgen einer ausgewählten Gruppe spiritueller Intelligenzen von hohem Rang gelehrt wurde, die nach dem Sündenfall ihre göttlichen Gebote der Menschheit mitteilten, die sich in Wirklichkeit selbst inkarniert hatten. Sie wird auch *Chokmah Nistorah* genannt, „Das geheime Wissen", so genannt, weil sie in den geheimen Initiationsheiligtümern mündlich vom Adepten an den Schüler weitergegeben wurde. Der Überlieferung zufolge wurde kein Teil dieser Lehre als maßgebend akzeptiert, bis er einer strengen und gründlichen Kritik und Untersuchung mit Methoden der praktischen Forschung unterzogen wurde, die später beschrieben werden.

Um auf historischeres Terrain zu kommen: Die Kabbala ist die jüdische mystische Lehre über die initiierte Interpretation der hebräischen Schriften. Es ist ein System der spirituellen Philosophie oder Theosophie, wobei dieses Wort in seiner ursprünglichen Bedeutung Θεος Σοφια verwendet wird, das nicht nur jahrhundertelang Einfluss auf die intellektuelle Entwicklung eines so klugen und klardenkenden Volkes wie der Juden ausgeübt hat, sondern auch die Aufmerksamkeit vieler berühmter theologischer und philosophischer Denker auf sich gezogen hat, insbesondere im 16. und 17. Jahrhundert. Zu denen, die sich dem Studium ihrer Lehrsätze widmeten, gehörten Raymond Lully, der scholastische Metaphysiker und Alchemist, John Reuchlin, der die orientalische Philosophie in Europa wiederbelebte, John Baptist von Helmont, der Arzt und Chemiker, der Wasserstoff entdeckte; Baruch Spinoza, der exkommunizierte „gottberauschte" jüdische Philosoph; und Dr. Henry More, der berühmte Platoniker aus Cambridge. Diese Männer, um nur einige von vielen zu nennen, die sich von der kabbalistischen Ideologie angezogen fühlten, suchten rastlos nach einer Weltanschauung, die ihnen die wahren Erklärungen des Lebens offenbaren und die wahre innere Verbindung zeigen sollte, die alle Dinge vereint. Sie fanden die Sehnsüchte ihres Geistes zumindest teilweise durch das psychologische und philosophische System dieser Weltanschauung befriedigt.

Heute wird oft angenommen, dass Judentum und Mystizismus an entgegengesetzten Polen des Denkens stehen und dass deshalb die jüdische Mystik ein eklatanter Widerspruch in sich selbst ist. Die falsche Annahme ergibt sich hier aus dem

Gegensatz von Gesetz und Glauben, wie er durch die missionarische Mentalität des Heiligen Paulus geschaffen wurde (und in geringerem Maße durch die rationalistischen Bemühungen des Maimonides, um alles mit den formalen aristotelischen Prinzipien in Einklang zu bringen), wodurch das Judentum fälschlicherweise als Religion des uneingeschränkten Legalismus abgestempelt wird. Der Mystizismus ist der unversöhnliche Feind des rein religiösen Legalismus.

Die Verwirrung ist auch auf die Anstrengungen jener Theologen im Mittelalter zurückzuführen, die, da sie ihre unwissenden hebräischen Brüder vor den Qualen der ewigen Folter und Verdammnis in den Unterwelten retten wollten, nicht nur die Originaltexte durcheinanderbrachten und verfälschten, sondern auch extreme sektiererische Interpretationen anwandten, um zu zeigen, dass die Autoren der kabbalistischen Bücher wünschten, dass ihre jüdischen Nachkommen Abtrünnige vom Christentum würden.

Die Kabbala in ihrer traditionellen und wörtlichen Form – wie sie in *Sepher Yetsirah, Bes Elohim, Pardis Rimonim und Sepher haSohar* enthalten ist – ist für den gewöhnlichen „logisch denkenden" Menschen entweder größtenteils unverständlich oder auf den ersten Blick scheinbarer Unsinn. Aber sie enthält als Grundriss jenes kostbarste Juwel des menschlichen Denkens, jene geometrische Anordnung von Namen, Zahlen, Symbolen und Ideen, die „Baum des Lebens" genannt wird. Sie wird als äußerst wertvoll bezeichnet, weil sie sich als das praktischste System erwiesen hat, das bisher zur Klassifizierung der Phänomene des Universums und zur Aufzeichnung ihrer Beziehungen entdeckt wurde. Der Beweis dafür sind die unbegrenzten Möglichkeiten für analytisches und synthetisches Denken, die sich aus der Übernahme dieses Schemas ergeben.

Die Geschichte der Kabbala ist, soweit es die Veröffentlichung früher exoterischer Texte betrifft, unbestimmt und vage. Die Literaturkritik führt die Haupttexte Sepher Yetsirah (angeblich von Rabbi Akiba) und *Sepher haSohar* (von Rabbi Simeon ben Yochai) im ersten Fall auf das 8. Jahrhundert und im zweiten auf das 3. oder 4. Jahrhundert n. Chr. zurück. Einige Historiker behaupten, die Kabbala sei eine Ableitung aus pythagoräischen, gnostischen und neuplatonischen Quellen, wobei letztere Ansicht insbesondere die Meinung von Christian D. Ginsburg ist.

Auch der große jüdische Historiker Graetz vertritt die unhistorische Ansicht, die jüdische Mystik sei eine krankhafte und späte Entwicklung, die dem religiösen Genie Israels fremd sei, und sie habe ihren Ursprung in den Spekulationen eines gewissen Isaak des Blinden in Spanien irgendwann zwischen dem 11. und 12. Jahrhundert. Graetz betrachtet die Kabbala, insbesondere den Sohar, als „falsche Lehre, die, obwohl neu, sich selbst als echte Lehre Israels ausgab" (*History of the Jews*, Band III, S. 565).

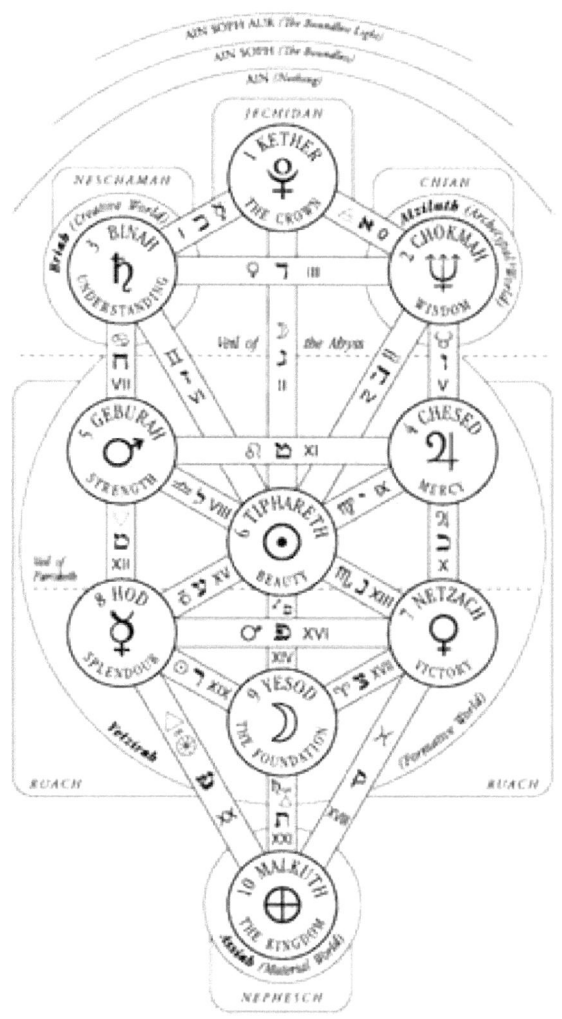

Abbildung 1
BAUM DES LEBENS

Diese Aussage ist in der Tat völlig unbegründet, denn eine sorgfältige Durchsicht der Bücher des Alten Testaments, des Talmud und anderer bekannter rabbinischer Aufzeichnungen, die uns überliefert sind, zeigt, dass dort die frühen monumentalen Grundlagen der Kabbala zu finden sind. Die kabbalistische Lehre wird dort zwar nicht explizit dargelegt, aber eine Analyse zeigt, dass sie stillschweigend angenommen wird, und die vielen kryptischen Bemerkungen einiger der wichtigeren Rabbis können ohne die Implikation einer mystischen Philosophie, die sie in ihren Herzen hegten und verehrten und die ihre gesamte Lehre beeinflusste, keinerlei Bedeutung haben.

In seinem brillanten Essay *„Der Ursprung von Buchstaben und Zahlen gemäß Sepher Yetsirah"* argumentiert Phineas Mordell, dass die pythagoräische Zahlenphilosophie (das größte Rätsel aller philosophischen Systeme der Antike) mit der des Sepher Yetsirah identisch ist und dass ihre Philosophie offenbar aus einer der hebräischen Prophetenschulen stammt. Mordell wagt schließlich die Meinung, dass der Sepher Yetsirah die echten Fragmente von Philolaus darstellt, der als erster die pythagoräische Philosophie veröffentlichte, und dass Philolaus auf sehr merkwürdige Weise mit Joseph ben Uziel übereinstimmt, der den Sepher Yetsirah niederschrieb. Wenn die letztere Theorie aufrechterhalten werden kann, können wir für den Sepher Yetsirah einen vortalmudischen Ursprung behaupten – wahrscheinlich im zweiten Jahrhundert vor der christlichen Ära. Der Sohar, wenn er tatsächlich das Werk von

Simeon ben Yochai war, wurde damals nie niedergeschrieben, sondern von den Gefährten der Heiligen Versammlungen mündlich überliefert und schließlich im 13. Jahrhundert von Rabbi Moses ben Leon niedergeschrieben. Madame Blavatsky wagt die Hypothese, dass der Sohar, wie wir ihn heute besitzen, von Moses de Leon arrangiert und neu herausgegeben wurde, nachdem er vor dem 13. Jahrhundert von jüdischen Rabbis und christlichen Geistlichen in erheblichem Maße manipuliert worden war. Ginsburg gibt in seiner Kabbala mehrere Gründe an, warum der Sohar im 13. Jahrhundert geschrieben worden sein muss. Seine Argumente, obwohl in vielerlei Hinsicht interessant, berücksichtigen nicht die Tatsache, dass es immer eine mündliche Überlieferung gegeben hat. Isaac Myer analysiert in seinem umfangreichen und in vielerlei Hinsicht maßgeblichen Werk mit dem Titel *The Qabalah* diese von Ginsburg und anderen vorgebrachten Einwände sehr sorgfältig, und ich muss gestehen, dass seine Antworten der Reihe nach diese Theorie vom Ursprung des Sohar im 13. Jahrhundert widerlegen. Dr. S. M. Schiller-Szinessy, ehemaliger Dozent für rabbinische und talmudische Literatur in Cambridge, sagt: „Der Kern des Buches stammt aus der Zeit der Mischna. Rabbi Shimeon ben Yochai war der Autor des Sohar in demselben Sinne, wie Rabbi Yohanan der Autor des palästinensischen Talmud war; d. h. er gab den ersten Anstoß zur Abfassung des Buches." Und ich stelle fest, dass Mr. Arthur Edward Waite in seinem gelehrten und klassischen Werk *The Holy Kaballah*, in dem er die meisten

Argumente zum Ursprung und zur Geschichte dieses Book of Splendour untersucht, zu der hier vorstehenden Ansicht neigt und einen Mittelweg einschlägt, da er glaubt, dass vieles davon zwar in die Ära von Ben Leon gehört, aber dennoch viel mehr unauslöschlich den Stempel der Antike trägt. Es ist ganz sicher nicht ganz unwahrscheinlich, dass das Sohar – mit seinen mystischen Lehren, die in fast jedem Detail mit denen anderer Rassen in anderen Gegenden vergleichbar, ja, identisch sind – ursprünglich von Simeon ben Yochai oder einem anderen seiner engen Mitarbeiter oder Schüler im zweiten Jahrhundert verfasst, aber erst im dreizehnten Jahrhundert von Moses de Leon niedergeschrieben wurde.

Eine sehr ähnliche Darstellung der obigen Hypothese findet sich in Prof. Abelsons ausgezeichnetem Werk „Jüdische Mystik", in dem wir Folgendes lesen:

„Wir müssen uns davor hüten, der falschen Meinung einer bestimmten Gruppe jüdischer Theologen zu folgen, die uns die gesamte mittelalterliche Kabbala (von der der Sohar ein auffälliger und repräsentativer Teil ist) als plötzliche und seltsame Einfuhr von außen betrachten lassen wollen. Sie ist in Wirklichkeit eine Fortsetzung der alten Strömung talmudischer und midrasischer Gedanken, vermischt mit fremden Elementen, die, wie es unvermeidlich war, auf dem Weg der Strömung durch viele Länder aufgenommen wurden – Elemente, deren

Vermischung in vielerlei Hinsicht die ursprüngliche Farbe und Natur der Strömung verändert haben muss."

Wie dem auch sei, und wenn man die sterilen Aspekte der Kontroverse außer Acht lässt, war das öffentliche Erscheinen des Sohar der große Meilenstein in der Entwicklung der Kabbala, und wir können ihre Geschichte heute in zwei Hauptperioden unterteilen, die vor- und die nachsoharische. Obwohl es unbestreitbar ist, dass es in biblischen Zeiten jüdische prophetische und mystische Schulen von großer Kompetenz und mit viel tiefgründigem Wissen gab, wie die von Samuel, den Essenern und Philo, war die erste kabbalistische Schule, von der wir genaue öffentliche Aufzeichnungen haben, als die Schule von Gerona in Spanien bekannt (12. Jahrhundert n. Chr.), die so genannt wurde, weil ihr Gründer Isaak der Blinde und viele seiner Schüler dort geboren wurden. Über den Gründer der Schule ist praktisch nichts bekannt. Zwei seiner Schüler waren Rabbi Azariel und Rabbi Ezra. Ersterer war der Autor eines klassischen philosophischen Werks mit dem Titel *„Der Kommentar zu den Zehn Sephiroth"*, einer ausgezeichneten und äußerst klaren Darstellung der kabbalistischen Philosophie, die von Kennern als maßgebliches Werk angesehen wird. Nachfolger wurde Nachmanides, geboren 1195 n. Chr., der der eigentliche Grund für die Aufmerksamkeit war, die diesem esoterischen System damals in Spanien und Europa allgemein gewidmet wurde. Seine Werke befassen sich hauptsächlich mit den drei Methoden der Permutation von Zahlen, Buchstaben und Wörtern, die in Kapitel VI beschrieben werden.

Die Philosophie wurde im 12. Jahrhundert von R. Isaac Nasir und Jacob ben Sheshet weiter ausgearbeitet und dargelegt. Letzterer verfasste eine Abhandlung in gereimter Prosa und eine Reihe von acht Essays, die sich mit den Lehren des Unendlichen (*En Soph*), der Reinkarnation (*Gilgolim*), der Lehre der göttlichen Vergeltung (*Sod ha Gimol*) oder, um einen passenderen orientalischen Begriff zu verwenden, Karma und einer besonderen Art der Christologie befassten.

Als nächstes folgte die Schule von Segovia und ihre Schüler, unter denen sich ein gewisser Todras Abulafia befand, ein Arzt und Finanzier, der eine wichtige und angesehene Position am Hof von Sancho IV., König von Kastilien, innehatte. Die charakteristische Prädisposition dieser Schule war ihre Hingabe an exegetische Methoden; ihre Schüler bemühten sich, die Bibel und die Hagada in Übereinstimmung mit der doktrinellen Kabbala zu interpretieren.

Eine zeitgenössische Schule war der Ansicht, dass das Judentum jener Zeit, ausschließlich von einem philosophischen Standpunkt aus betrachtet, nicht den „richtigen Weg zum Heiligtum" zeige, und bemühte sich, Philosophie und Kabbala zu verbinden, indem sie ihre verschiedenen Lehrsätze durch mathematische Formen veranschaulichte.

Um 1240 n. Chr. wurde Abraham Abulafia geboren, der zu einer gefeierten Persönlichkeit wurde, den Ruf dieser Theosophie jedoch stark in Verruf brachte. Er studierte Philologie, Medizin und Philosophie sowie die wenigen Bücher über die Kabbala, die zu dieser Zeit verfügbar waren. Er erkannte bald, dass die pythagoräische Zahlenphilosophie mit der im Sepher Yetsirah dargelegten identisch war, und später, als er mit der akademischen Forschung unzufrieden war, wandte er sich jenem Aspekt der Kabbala zu, der als מכלה oder עשיה praktische Kabbala bezeichnet wird und den wir heute als Magie bezeichnen. Leider waren die damals in der Öffentlichkeit stehenden Kabbalisten nicht mit der entwickelten, spezialisierten Technik vertraut, die heute verfügbar ist und die aus den *Collegii ad Spiritum Sanctum* stammt. Das Ergebnis war, dass Abulafia bei seinen nachfolgenden Experimenten völlig in die Irre ging und nach Rom reiste, um zu versuchen, den Papst (ausgerechnet) zum Judentum zu bekehren. Wie erfolgreich seine Bemühungen waren, kann der Leser beurteilen.

Später pries er sich selbst in äußerst enthusiastischer Weise als den lang erwarteten Messias und prophezeite das Millennium, das jedoch nicht eintrat. Sein Einfluss war im Großen und Ganzen schädlich. Einer seiner Schüler, Joseph Gikatilla, schrieb im Interesse und zur Verteidigung seines Lehrers eine Reihe von Abhandlungen, die sich mit den verschiedenen Aspekten der von ihm begründeten Exegese befassten.

Der Sohar ist die nächste große Entwicklung. Dieses Buch, das die verschiedenen Merkmale und Lehren der früheren Schulen kombiniert, aufnimmt und synthetisiert, hatte sein Debüt und sorgte aufgrund seiner Spekulationen über Gott, die Lehre der Emanationen, die Evolution des Universums, die Seele und ihre Seelenwanderungen und ihre endgültige Rückkehr zur Quelle von allem für große Sensation in theologischen und philosophischen Kreisen. Die neue Ära in der Geschichte der Kabbala, die durch das Erscheinen dieses Fundus an Legenden, Philosophien und Anekdoten eingeleitet wurde, hat bis in die Gegenwart angedauert. Doch hat fast jeder Autor, der sich seitdem zu den Lehren der Kabbala bekannt hat, den Sohar zu seinem wichtigsten Lehrbuch gemacht, und seine Vertreter haben sich eifrig Kommentaren, Zusammenfassungen und Übersetzungen gewidmet, wobei ihnen jedoch, mit nur wenigen Ausnahmen, die wirklichen, dem kabbalistischen Lebensbaum zugrundeliegenden Möglichkeiten entgangen sind.

Der Sohar beeindruckte den berühmten scholastischen Metaphysiker und Experimentalchemiker Raymond Lully so sehr, dass er ihn zur Entwicklung der Ars Magna (Das Große Werk) anregte, einer Idee, in deren Darlegung er die erhabensten Vorstellungen der Kabbala darlegte und sie als göttliche Wissenschaft und echte Offenbarung des Lichts für die menschliche Seele betrachtete. Er war einer der wenigen isolierten Persönlichkeiten, die sich von ihrem Studium angezogen fühlten, die die Verwendung einer besonderen Art von Symbolen durchschauten und versuchten, ein funktionsfähiges magisches oder philosophisches Alphabet zu konstruieren, dessen Erklärung in den verbleibenden Kapiteln dieses Werks versucht wird.

Abraham Ibn Wakar, Pico di Mirandola, Reuchlin, Moses Cordovero und Isaac Luria sind einige der wichtigeren Denker vor dem 17. Jahrhundert, deren Spekulationen den Fortschritt der kabbalistischen Forschung auf verschiedene Weise beeinflusst haben. Der Erstgenannte (ein Aristoteliker) unternahm einen wirklich edlen Versuch, die Kabbala mit der akademischen Philosophie seiner Zeit in Einklang zu bringen, und schrieb eine Abhandlung, die ein hervorragendes Kompendium der Kabbala darstellt.

Mirandola und Reuchlin waren Christen, die das Studium der Kabbala mit dem Hintergedanken aufnahmen, eine geeignete Waffe zu erhalten, mit der sie Juden zum Christentum bekehren konnten. Einige Juden waren durch die daraus resultierende Verstümmelung der Texte und verzerrten Interpretationen so fehlgeleitet und traurig verwirrt, dass sie das Judentum tatsächlich aufgaben. Paul Ricci, Leibarzt von Kaiser Maximilian I.; J 000 Stephen Rittengal, ein Übersetzer des Sepher Yetsirah ins Lateinische; und in jüngerer Zeit wurden

Jacob Franck und seine Gemeinde durch die umstrittene Behauptung, der Sohar verberge und enthülle die Lehren des Nazareners, für das Christentum gewonnen. Solche Beweise brachten ihren Autoren natürlich nur Verachtung ein und sprechen heute schlecht gegen ihre Anführer und Akzeptanten.

Cordovero wurde schon in jungen Jahren ein Meister der Kabbala, und seine Hauptwerke sind philosophischer Natur und haben wenig mit der magischen oder praktischen Seite zu tun.

Luria gründete eine Schule, die das genaue Gegenteil von Cordoveros war. Er selbst war ein eifriger und brillanter Studierender sowohl des Talmud als auch der rabbinischen Überlieferung, stellte jedoch fest, dass ihn die bloße Zurückgezogenheit in ein Leben voller Studien nicht zufriedenstellte. Daraufhin zog er sich an die Ufer des Nils zurück, wo er sich ausschließlich der Meditation und asketischen Übungen widmete und Visionen erstaunlicher Art empfing. Er schrieb ein Buch, in dem er seine Vorstellungen von der Theorie der Reinkarnation (*haGilgolim*) darlegte. Einer seiner Schüler, Rabbi Chayim Vital, verfasste ein umfangreiches Werk, *Der Baum des Lebens*, das auf den mündlichen Lehren des Meisters basierte und damit dem Studium und der Praxis der Kabbalistik enorme Impulse verlieh.

Es gibt mehrere Kabbalisten von unterschiedlicher Bedeutung in der Zwischenzeit der postsoharischen Geschichte. Russland, Polen und Litauen boten zahlreichen von ihnen

Zuflucht. Keiner von ihnen hat den besonderen Teil der Philosophie, dem diese Abhandlung gewidmet ist, öffentlich dargelegt. Die spirituelle Erweckungsbewegung, die in der ersten Hälfte des 18. Jahrhunderts von Rabbi Israel Baal Shem Tov unter den Juden Polens ins Leben gerufen wurde, ist wichtig genug, um hier erwähnt zu werden. Denn obwohl der Chassidismus, wie diese Bewegung genannt wurde, seine Begeisterung aus dem Kontakt mit der Natur und der freien Natur der Karpaten bezieht, hat er seinen primären literarischen Ursprung und seine wichtigste Inspiration in den Büchern, die die Kabbala bilden. Der Chassidismus gab die Lehren des Sohar an das „Am ha-aretz" weiter, und zwar auf eine Weise, die keiner früheren Gruppe von Rabbinern gelungen war, und es scheint außerdem, dass die Praktische Kabbala zur gleichen Zeit einen beträchtlichen Impuls erhielt. Denn wir finden, dass Polen, Galizien und bestimmte Teile Russlands Schauplatz der Aktivitäten wandernder Rabbiner und Talmudgelehrter waren, die als „Zaddikim" oder Magier bezeichnet wurden, Männer, die ihr Leben und ihre Kräfte eifrig der Praktischen Kabbala widmeten. Aber erst im letzten Jahrhundert, mit seinem Impuls für alle Arten von Studien in vergleichender Mythologie und religiöser Kontroverse, entdecken wir einen Versuch, alle Philosophien, Religionen, wissenschaftlichen Ideen und Symbole zu einem zusammenhängenden Ganzen zu verschmelzen.

Eliphas Levi Zahed, ein römisch-katholischer Diakon von bemerkenswerter Scharfsinnigkeit, veröffentlichte 1852 ein brillantes Werk, *Doctrine et Rituel de la Haute Magie*, in dem wir klare und unmissverständliche Anzeichen für ein Verständnis der zugrundeliegenden Basis der Kabbala finden – ihre zehn Sephiroth und die 22 Buchstaben des hebräischen Alphabets als geeignetes Gerüst für die Konstruktion eines brauchbaren Systems für philosophische Vergleiche und Synthesen. Es wird gesagt, dass er dieses Werk zu einer Zeit veröffentlichte, als Informationen über alle okkulten Angelegenheiten von der esoterischen Schule, der er angehörte, aus verschiedenen eigenen Gründen streng verboten waren. Wir finden daher ein Begleitwerk, das nur kurze Zeit später herausgegeben wurde, *La Histoire de la Magie*, in dem er – zweifellos um sich vor der gegen ihn erhobenen Kritik zu schützen und nichtsahnende Fragesteller von der Spur abzubringen – seinen früheren Schlussfolgerungen und Theorien widerspricht.

Mehrere hingebungsvolle Erklärer mit tadelloser Gelehrsamkeit in der zweiten Hälfte des 19. Jahrhunderts waren für die moderne Erneuerung der grundlegenden und vernünftigeren Prinzipien der Kabbala verantwortlich, frei von den theologischen Anhäufungen und hysterischen Aberglauben, die dieser ehrwürdigen geheimnisvollen Philosophie im Mittelalter angehängt wurden. W. Wynn Westcott, der den *Sepher Yetsirah* ins Englische übersetzte und *An Introduction to the Study of the Ka-*

ballah schrieb; S. L. McGregor Mathers, der Übersetzer von Teilen des *Sohar* und *The Sacred Magic of Abramelin the Mage*; Madame Blavatsky, jene löwenherzige Frau, die westliche Studenten auf die östliche esoterische Philosophie aufmerksam machte; Arthur Edward Waite, der erläuternde Zusammenfassungen verschiedener kabbalistischer Werke zur Verfügung stellte; und dem Dichter Aleister Crowley - dessen Liber 777 und *Sepher Sephiroth* ich, neben vielen anderen hervorragenden philosophischen Schriften, in nicht geringem Maße zu Dank verpflichtet bin – sie alle haben eine Fülle wichtiger Informationen geliefert, die für die Konstruktion eines philosophischen Alphabets genutzt werden könnten.

KAPITEL ZWEI

DIE GRUBE

DIE Philosophie der Kabbala ist im Wesentlichen esoterisch. Doch die praktischen Methoden esoterischer und weltlicher Untersuchungen sind im Wesentlichen identisch – kontinuierliches und beharrliches Experimentieren, das Bemühen, Zufall und Irrtum auszuschließen, und die Anstrengung, die Konstanten und Variablen der untersuchten Gleichungen zu ermitteln. Der einzige Hauptunterschied besteht darin, dass sie sich ausschließlich mit unterschiedlichen Forschungsbereichen beschäftigen.

Die formale akademische Philosophie verherrlicht den Intellekt und erforscht damit Dinge, die letztlich nebensächlich sind, wenn wir die Philosophie als das höchste Mittel zur Untersuchung der Probleme des Lebens und des Universums betrachten. Die Kabbala stellt die wichtigste Behauptung auf, dass der Intellekt ein Prinzip des Selbstwiderspruchs in sich trägt und daher ein unzuverlässiges Instrument für die große Suche nach der Wahrheit ist. Zahlreiche akademische Philosophen sind ebenfalls zu einer ähnlichen Schlussfolgerung gelangt. Einige der Größeren unter ihnen haben die Hoffnung aufgegeben, jemals eine geeignete Methode zu finden, um diese Einschränkung zu überwinden, und sind zu Skeptikern geworden. Andere, die einfach die Lösung sahen, haben sich der Intuition zugewandt, oder, genauer gesagt, dem intellektuellen Konzept der Intuition, wobei uns jedoch keine Methoden zur Überprüfung und Verifizierung dieser Intuition zur Verfügung stehen, die infolgedessen so leicht zu einer bloßen Vermutung verkommt, die durch persönliche Neigungen gefärbt und durch grobe Wunschfantasien begünstigt wird.

Die beiden Hauptmethoden der traditionellen und esoterischen Kabbala sind Meditation (Yoga) und praktische Kabbala (Magie). Mit Yoga ist jenes strenge System geistiger und Selbstdisziplin gemeint, dessen Hauptziel die absolute und vollständige Kontrolle des Denkprinzips, des *Ruach*, ist; das letztendliche Ziel ist es, die Fähigkeit zu erlangen, mit der man den Gedankenstrom nach Belieben beruhigen kann, sodass das, was hinter (sozusagen) oder über oder jenseits des Geistes ist, sich in der so erzeugten Stille manifestieren kann. Die Ruhe der geistigen Turbulenzen ist das Grundlegende. Mit dieser Fähigkeit wird dem Schüler beigebracht, den Geist durch die verschiedenen technischen Methoden der Magie zu erheben, bis er die normalen Beschränkungen und Barrieren seiner Natur überwindet und in einer gewaltigen, unauslöschlichen Säule feuerähnlicher Ekstase zum universellen Bewusstsein aufsteigt, mit dem er sich vereint. Sobald man mit der transzendentalen Existenz eins geworden ist, nimmt man intuitiv am universellen Wissen teil, das als zuverlässigere Informationsquelle gilt als die rationale Selbstbetrachtung des Intellekts oder die experimentelle wissenschaftliche Untersuchung der Materie. Es ist das Anzapfen der

Quelle des Lebens selbst, des *fons et origo* der Existenz, und nicht das blinde Herumtasten im Dunkeln nach verwirrten Symbolen, die nur auf der sogenannten praktischen oder rationalen Ebene des Denkens erscheinen.

Die säkulare Wissenschaft oder der Positivismus hat sich mit der Untersuchung der Materie und des sichtbaren Universums beschäftigt, wie es durch die fünf Sinne wahrgenommen wird. Sie bestätigt, dass wir durch das Studium von Phänomenen in der Lage sind, uns der Welt zu nähern, wie sie wirklich ist, den Dingen an sich. Es ist dieses System, das behauptet, dass Wahrnehmung nur ein Name für eine bestimmte Reihe biologischer und chemischer Veränderungen ist, die in bestimmten Inhalten unserer materiellen Schädel auftreten, und dass wir durch eine Untersuchung der Dinge, wie sie zu sein scheinen, zu einem Verständnis ihrer Ursachen gelangen können, was sie wirklich sind.

Das gegenteilige philosophische Argument der idealistischen Schulen besteht darin, dass wir beim Studium der Naturgesetze nur die Gesetze unseres eigenen Geistes studieren; dass es ganz einfach wäre, zu beweisen, dass wir Ideen wie Materie, Bewegung und Gewicht usw. letztendlich nur eine sehr geringe Bedeutung beimessen, außer einer rein idealistischen; dass sie bloße Phasen unseres Denkens sind.

Kabbalisten und alle verschiedenen Schulen der Mystiker gehen im Allgemeinen von einem noch absoluteren Standpunkt aus und argumentieren, dass die gesamte Kontroverse rein verbaler Natur sei; denn alle diese ontologischen Aussagen können mit ein wenig Einfallsreichtum auf die eine oder andere Form reduziert werden. Infolge dieser Beobachtung gibt es im Bereich der modernen Philosophie etwas, das offen als kompromisslose Sackgasse angesehen wird. Kabbalisten behaupten, dass die Vernunft eine Waffe ist, die für die Suche nach der Realität ungeeignet ist, da ihre Natur selbst im Wesentlichen widersprüchlich ist. Hume und Kant sahen dies beide; aber der eine wurde im weitesten Sinne des Wortes zum Skeptiker, und bei dem anderen versteckte sich die Schlussfolgerung hinter einem wortreichen Transzendentalismus. Auch Spencer sah dies, versuchte jedoch, es zu beschönigen und unter der Schwerfälligkeit seiner Gelehrsamkeit zu begraben. Die Kabbala legt den Streit mit den Worten eines ihrer eifrigsten Befürworter bei, indem sie den Finger auf den Schwachpunkt legt: „Auch die Vernunft ist eine Lüge, denn es gibt einen unendlichen und unbekannten Faktor, und alle ihre Worte sind schief." Das Universum kann nicht durch Vernunft erklärt werden; seine Natur ist offensichtlich irrational. Wie Prof. Henri Bergson bemerkte: „Unser Denken in seiner rein logischen Form ist nicht in der Lage, die wahre Natur des Lebens darzustellen", und die intellektuelle Fähigkeit ist durch eine „natürliche Unfähigkeit gekennzeichnet, das Leben zu begreifen". Prof. Arthur S. Eddington hat auch festgestellt, dass „die letzten Elemente einer Theorie der Welt von einer Natur sein müssen, die sich nicht in Begriffen definieren lässt, die für den Verstand erkennbar sind."

Eine neuere Aussage von jemandem, der als hervorragender Vertreter der modernen wissenschaftlichen Meinung gilt, findet sich in „*What Dare I Think*" von Julian Huxley:

„Es gibt keinen Grund, warum das Universum perfekt ist; *es gibt sogar keinen Grund, warum es rational sein sollte.*"

Eines der Paradoxe des Intellekts ist, dass trotz der Tatsache, dass unser Wissen rein phänomenal ist, selbst dieses Wissen keine wirkliche Tiefe besitzt. Beispielsweise ist das Urteil „a ist a" eine bedeutungslose Tautologie. Um bedeutsam zu sein, muss unser Gedanke über die bloße Identität eines Objekts mit sich selbst hinausgehen, darf aber nicht zu etwas gelangen, das nichts mit dem Objekt gemeinsam hat. Wenn wir also behaupten, dass *a* gleich *b* ist, ist das Urteil falsch, da wir von *a* zu *b* gelangen, wobei letzteres nichts mit *a* gemeinsam hat.

Es ist jedoch offensichtlich, dass eine Definition dieses unbekannten a nur erreicht werden kann, indem man entweder sagt, *a* ist gleich *b* oder *a* ist gleich *cd*. Im ersten Fall ist die Idee von *b* tatsächlich implizit in *a*; wir haben also nichts gelernt, und wenn nicht, ist die Aussage falsch. Man definiert einfach eine Unbekannte in Bezug auf eine andere – und nichts ist gewonnen.

Im zweiten Fall erfordern c und d selbst eine Definition als ef bzw. gh. Der Prozess wird ausgedehnt; er muss jedoch mit der letzten Erschöpfung des Alphabets enden, y ist gleich za. Kurz gesagt, man kommt nicht weiter als bis a gleich a. Die Beziehung der gesamten Gleichungsreihe wird dann offensichtlich, und die Schlussfolgerung, zu der man gezwungen ist, ist, dass jeder einzelne Term *ein Ding an sich* ist, unbekannt, obwohl bis zu einem gewissen Grad durch Intuition erfassbar.

Es gibt mehrere Beweise dafür, von denen der einfachste vielleicht wie folgt ist und zeigt, dass die offensichtlichste Aussage einer Analyse nicht standhält. Eine einfache Frage ist: „Was ist Zinnoberrot?" Dass „Zinnoberrot rot" ist, ist zweifellos unbestreitbar, aber dennoch völlig bedeutungslos; denn jeder der beiden Begriffe muss durch mindestens zwei andere definiert werden, für die das Gleiche gilt.

Auch eine so einfache Frage wie „Warum ist Zucker süß?" beinhaltet eine große Anzahl sehr komplizierter chemischer Untersuchungen, von denen jede letztendlich zu der blindesten aller leeren Wände führt: Was ist Materie? Was ist der wahrnehmende Geist?

Wir können, wenn wir möchten, weitermachen und fragen: „Was ist der Mond?" Die Wissenschaft (nehmen wir scherzhaft an) antwortet:

„Grüner Käse!" Für unseren einen Mond haben wir nun zwei unterschiedliche Ideen, und alle Einfachheit verschwindet und tritt in die Dunkelheit zurück. Grün und Käse! Der eine hängt vom Licht der Sonne, dem Sinnesapparat der Sehnerven und -organe und tausend anderen Dingen ab; der letztere von Bakterien, Gärung und der Natur der Kuh. Dann fahren wir fort, Haare zu spalten und mit Worten zu jonglieren – nichts als Haare und Worte und Jonglieren und Spalten – und haben keine einzige Frage im endgültigen Sinne beantwortet.

Es gibt daher kein mögliches Entkommen aus diesem bodenlosen Abgrund der Verwirrung, außer durch die Entwicklung einer geistigen Fähigkeit, die in keiner Hinsicht eindeutig unzureichend ist. Wir müssen andere Mittel als das logische Denken einsetzen und diesen überlegen sein. So nähern wir uns dem Problem der Entwicklung der Neschamah (Intuition), und hier unterscheidet sich die Kabbala in Methode und Inhalt von der säkularen Wissenschaft und der akademischen Philosophie.

Doch der Fortschritt der säkularen Wissenschaft in den letzten dreißig Jahren bringt sie sicherlich näher an die kabbalistische Auffassung der Dinge heran; die alten Sanktionen eines wissenschaftlichen Mechanismus sind fast alle verschwunden, und die Begriffe, die den Viktorianern so einfach, objektiv und verständlich erschienen – wie Materie, Energie, Raum usw. – haben der Analyse überhaupt nicht standgehalten. Einige moderne

Denker erkannten klar das absolute Debakel, in das die alte positivistische Wissenschaft sie zwangsläufig führen würde, das Aufbrechen dieses eisigen Weiten gefrorenen Denkens und beschlossen, um jeden Preis einen *Modus Vivendi* für Athene zu finden. Diese Notwendigkeit wurde auf überraschendste Weise durch das Ergebnis der Michelson-Morley-Experimente unterstrichen, als die Physik selbst ruhig und offen einen Widerspruch in Begriffen vorbrachte. Diesmal waren es nicht die Metaphysiker, die Löcher in ein Vakuum bohrten. Es waren die Mathematiker und Physiker, denen der Boden unter den Füßen weggezogen wurde. Es genügte nicht, die Geometrie Euklids durch die von Riemann und Lobatschewski und die Mechanik Newtons durch die von Einstein zu ersetzen, solange einige der Axiome des alten Denkens und die Definitionen seiner Begriffe überlebten. Sie gaben Positivismus und Materialismus bewusst zugunsten einer unbestimmten Mystik auf und schufen eine neue mathematische Philosophie und eine neue Logik, in der unendliche – oder vielmehr transfinite – Ideen mit denen des gewöhnlichen Denkens vergleichbar gemacht werden konnten, in der vergeblichen Hoffnung, dass alle glücklich bis an ihr Lebensende leben könnten. Kurz gesagt, um eine kabbalistische Nomenklatur zu verwenden, sahen sie sich verpflichtet, Begriffe von *Ruach* (Intellekt) zu übernehmen, die nur *Neschamah* (dem Organ und der Fähigkeit der direkten spirituellen Apperzeption und Intuition) eigen sind. Derselbe Prozess fand Jahre zuvor in der Philosophie statt. Hätte man die Dialektik Hegels nur zur

Hälfte verstanden, wäre der größte Teil der philosophischen Spekulation von den Scholastikern bis zu Kants Auffassung der Antinomien der Vernunft über Bord geworfen worden.

C. G. Jung, der bedeutende europäische Psychoanalytiker, schreibt in Wilhelms *Geheimnis der goldenen Blüte*: „Daher kann ich die Reaktion, die im Westen gegen den Intellekt beginnt und zugunsten der Intuition erfolgt, nur als Zeichen des kulturellen Fortschritts betrachten, als Erweiterung des Bewusstseins über die zu engen Grenzen hinaus, die ein tyrannischer Intellekt gesetzt hat" (S. 82).

Übrigens ist eine der größten Schwierigkeiten, die der Philosoph erlebt – eine Schwierigkeit, die für den Studenten fast unüberwindbar ist; die mit dem Fortschritt des Wissens eher zunimmt als abnimmt – diese: Es ist praktisch unmöglich, ein klares intellektuelles Verständnis der Bedeutung der verwendeten philosophischen Begriffe zu erlangen. Jeder Denker hat seine eigene private Vorstellung und Bedeutung selbst für so gebräuchliche und allgemein verwendete Begriffe wie „Seele" und „Geist"; und in den allermeisten Fällen vermutet er nicht einmal, dass andere Autoren denselben Begriff mit einer anderen Konnotation verwenden könnten. Sogar technische Autoren, die sich manchmal die Mühe machen, ihre Begriffe zu definieren, bevor sie sie verwenden, sind zu oft unterschiedlicher Meinung. Die Unterschiede sind, wie oben erwähnt, im Fall des Wortes „Seele" sehr groß. „Wir finden einen Autor, der von der Seele sagt, sie sei *a*, *b* und *c*, während seine Kommilitonen vehement protestieren, sie sei nichts dergleichen, sondern *d, e* und *f.* Nehmen wir jedoch für einen Moment an, wir würden durch ein Wunder eine klare Vorstellung von der Bedeutung des Wortes erhalten. Das Problem hat gerade erst begonnen. Denn es stellt sich sofort die Frage nach der Beziehung eines Begriffs zu den anderen.

Angesichts dieser ständigen Quelle von Missverständnissen ist es eindeutig notwendig, eine grundlegende und universelle Sprache für die Kommunikation von Ideen zu etablieren. Man versteht mit bitterer Zustimmung den traurigen Ausbruch des betagten Fichte: „*Wenn ich mein Leben noch einmal leben könnte, würde ich als Erstes ein völlig neues Symbolsystem erfinden, um meine Ideen auszudrücken.*" Hätte er das nur gewusst, hätten tatsächlich bestimmte Leute – vor allem einige der frühen Kabbalisten, zu denen Raymond Lully, William Postel usw. zählen – versucht, dieses große Werk der Konstruktion eines zusammenhängenden Systems zu vollbringen. Die zusammenhängenden Systeme wurden leider kaum verstanden oder akzeptiert.

Manchmal wird behauptet, dass die buddhistische Terminologie, wie sie im Abidhamma enthalten ist, ein ausreichend vollständiges philosophisches Alphabet darstellt. Obwohl es viel Gutes für das buddhistische System zu sagen gibt, können wir dieser Meinung aus folgenden Gründen nicht uneingeschränkt zustimmen:

Erstens sind die eigentlichen Wörter barbarisch lang, unmöglich für den durchschnittlichen Europäer.

Zweitens erfordert das Verständnis dieses Systems die vollständige Zustimmung zu den buddhistischen Lehren, die wir nicht zu geben bereit sind.

Drittens ist die Bedeutung der Begriffe nicht so klar, präzise und umfassend, wie man es sich wünschen könnte. Es gibt mit Sicherheit viel Pedanterie, Streitfragen und Verwirrung. Erst kürzlich habe ich erfahren, dass Mrs. Rhys Davids ein Buch über die *Ursprünge des Buddhismus* herausgegeben hat, in dem sie unter anderem die Frage nach der korrekten Übersetzung oder Bedeutung des Pali-Wortes „Dhamma" aufwirft; ob es „Gesetz", „Gewissen", „Leben" oder einfach die buddhistische Lehre bedeutet.

Viertens ist die Terminologie ausschließlich psychologisch und berücksichtigt keine außerbuddhistischen Ideen, und sie hat nur wenig Bezug zur allgemeinen Ordnung des Universums. Sie könnte natürlich durch hinduistische oder andere Terminologie ergänzt werden, aber dies würde sofort weitere kontroverse Elemente einführen. Wir würden uns sofort in endlosen Diskussionen darüber verlieren, ob Nibbana Nirvana ist und ob Auslöschung oder etwas Anderes gemeint ist; und so weiter bis in alle Ewigkeit.

Das System der Kabbala, dessen Begriffe, wie wir sehen werden, weitgehend symbolisch sind, ist natürlich oberflächlich diesem letzten Einwand ausgesetzt. Aber weil es weitgehend symbolisch ist, hat es die beste Zustimmung derjenigen, die als herausragende Autoritäten in den Wissenschaften gelten, denn die gesamte moderne Wissenschaft beschäftigt sich mit verschiedenen Symbolen, mit denen sie versucht, die physische Welt zu verstehen – Symbole, über die sie jedoch offen zugibt, nicht hinausgehen zu können. Eine aufschlussreiche Bemerkung findet sich in Prof. Eddingtons Swarthmore-Vorlesung von 1928, *Science and the Unseen World*:

„Ich kann nur sagen, dass die Physik all diesen Modellen den Rücken gekehrt hat und sie jetzt eher als Hindernis für das Verständnis der Wahrheit hinter den Phänomenen betrachtet. Und wenn Sie heute einen Physiker fragen, was er letztendlich als Rether oder Elektron erkannt hat, wird die Antwort keine Beschreibung in Form von Billardkugeln oder Schwungrädern oder irgendetwas Konkretem sein; er wird stattdessen auf eine Anzahl von Symbolen und eine Reihe von mathematischen Gleichungen verweisen, die sie erfüllen. Wofür stehen die Symbole? Die mysteriöse Antwort lautet, dass dies der Physik gleichgültig ist; sie hat keine Möglichkeit, hinter die Symbolik zu blicken. Um die Phänomene der physischen Welt zu verstehen, ist es notwendig, die Gleichungen zu kennen, denen die Symbole gehorchen, aber nicht die Natur dessen, was symbolisiert wird."

Sir James Jeans bestätigt diese Ansicht über die Verwendung von Symbolen, denn auf Seite 141 seines Buches *The Mysterious Universe* schreibt er:

„Die Erstellung von Modellen oder Bildern zur Erklärung mathematischer Formeln und der Phänomene, die sie beschreiben, ist kein Schritt in Richtung, sondern ein Schritt weg von der Realität... Kurz gesagt, eine mathematische Formel kann uns nie sagen, was ein Ding ist, sondern nur, wie es sich verhält; es kann ein Objekt nur durch seine Eigenschaften spezifizieren."

Der Kabbalist muss daher aufgrund seiner Verwendung von Symbolen keine Angriffe von feindlichen Seiten befürchten, denn die wahre Grundlage der Heiligen Kabbala, die zehn Sephiroth und die zweiundzwanzig Pfade, ist mathematisch fundiert und eindeutig. Wir können die theologischen und dogmatischen Interpretationen der alten Rabbanim leicht als nutzlos und diese wahre Grundlage selbst nicht berührend abtun und alles im Universum auf das grundlegende System der reinen Zahl beziehen. Seine Symbole werden für alle rationalen Geister in einem identischen Sinne verständlich sein, da die zwischen diesen Symbolen bestehenden Beziehungen von Natur aus festgelegt sind.

Diese Überlegung hat zur Annahme des kabbalistischen „*Baums des Lebens*" als Grundlage des universellen philosophischen Alphabets geführt.

Die Verteidigung dieses Systems (falls eine solche notwendig ist) ist, wie bereits erwähnt, dass unsere reinsten Vorstellungen in der Mathematik symbolisiert werden. Bertrand Russell, Cantor, Poincaré, Einstein und andere haben hart daran gearbeitet, den viktorianischen Empirismus durch eine verständliche, kohärente Interpretation des Universums mithilfe mathematischer Ideen und Symbole zu ersetzen. Moderne Vorstellungen von Mathematik, Chemie und Physik sind für den „einfachen Menschen", der Materie beispielsweise als etwas betrachtet, gegen das er stoßen kann, ein reines Paradoxon. Heutzutage scheint es keinen Zweifel mehr zu geben, dass die letztendliche Natur der Wissenschaft in jedem ihrer Zweige rein abstrakt sein wird, fast eines kabbalistischen Charakters, könnte man sagen, auch wenn sie möglicherweise nie offiziell als Kabbala bezeichnet wird. Es ist natürlich und richtig, den Kosmos oder einen Teil davon oder seine Wirkungen in irgendeinem seiner Aspekte durch die Symbole der reinen Zahl darzustellen.

Die 10 Zahlen und die 22 Buchstaben des hebräischen Alphabets mit ihren traditionellen und rationalen Entsprechungen – auch unter Berücksichtigung ihrer numerischen und geometrischen Beziehungen – bieten uns eine kohärente systematische Grundlage für unser Alphabet; eine Basis, die ausreichend starr für unser Fundament und dennoch ausreichend elastisch für unseren Überbau ist.

KAPITEL DREI

DIE SEPHIROTH

IM vorhergehenden Kapitel wurde vorgeschlagen, dass die Kabbala das am besten geeignete System als Grundlage für unser magisches Alphabet ist, auf das wir die Gesamtheit all unseres Wissens und unserer Erfahrungen – religiös, philosophisch und wissenschaftlich – beziehen können. Das kabbalistische Alphabet ist, wie wir im Folgenden erläutern werden, ein ausgeklügeltes System von Zuschreibungen und Entsprechungen; eine praktische Klassifizierungsmethode, die es dem Philosophen ermöglicht, seine Erfahrungen und Ideen so zu protokollieren, wie er sie erhält. Es ist vergleichbar mit einem Aktenschrank mit 32 Aktendeckeln, in dem ein umfangreiches Informationssystem abgelegt ist.

Es wäre ein Irrtum, wenn der Schüler eine konkrete Definition von allem erwarten würde, was der Schrank enthält. Das ist aus ganz offensichtlichen Gründen völlig unmöglich. Jeder Schüler muss für sich selbst arbeiten, sobald er die Methode hat, seine gesamte geistige und moralische Konstitution in diese 32 Aktendeckel zu packen. Die Notwendigkeit persönlicher Arbeit wird deutlich, wenn man sich klarmacht, dass man im normalen Geschäftsablauf beispielsweise keinen Aktenschrank kaufen würde, in dem die Namen aller früheren, gegenwärtigen und zukünftigen Korrespondenten bereits eingetragen sind. Es wird ganz offensichtlich, dass der kabbalistische Schrank (unsere zweiunddreißig Pfade) ein System von Buchstaben und Zahlen hat, die an sich bedeutungslos sind, aber mit der Vervollständigung der Akten bereit sind, eine für jeden Schüler andere Bedeutung anzunehmen. Mit zunehmender Erfahrung würde jeder Buchstabe und jede Zahl neue Bedeutung und Bedeutsamkeit erhalten, und durch die Annahme dieser geordneten Anordnung wären wir in der Lage, unser Innenleben viel umfassender zu erfassen, als dies sonst der Fall wäre. Das Ziel der theoretischen (von der praktischen) Kabbala besteht, soweit diese These betroffen ist, darin, den Schüler zu drei Hauptaufgaben zu befähigen:

Erstens, jede Idee anhand des Lebensbaums zu analysieren. *Zweitens*, eine notwendige Verbindung und Beziehung zwischen absolut jeder Klasse von Ideen aufzuspüren, indem man sie auf diesen Vergleichsstandard bezieht. *Drittens*, jedes unbekannte Symbolsystem mithilfe dieser Mittel in die Begriffe eines bekannten zu übersetzen.

Um das Obige noch einmal anders auszudrücken: Die Kunst, unsere Aktenschrankanordnung zu nutzen, macht uns die gemeinsame Natur bestimmter Dinge, den wesentlichen Unterschied zwischen anderen und die unvermeidliche Verbindung aller Dinge bewusst. Darüber hinaus, und das ist äußerst wichtig, erlangt man durch den Erwerb eines Verständnisses eines Systems mystischer Philosophie oder Religion automatisch ein

Verständnis jedes Systems, wenn man dieses Verständnis mit dem Lebensbaum in Beziehung setzt. So dass man schließlich durch eine Art Assoziation unpersönlicher und abstrakter Ideen allmählich seine gesamte mentale Struktur ins Gleichgewicht bringt und eine einfache Sicht auf die unermesslich große Komplexität des Universums erhält. Denn es steht geschrieben: „Das Gleichgewicht ist die Grundlage der Arbeit".

Ernsthafte Schüler müssen die in dieser Arbeit ausgeführten Zuschreibungen sorgfältig studieren und sie sich einprägen. Wenn der Schüler durch beharrliche Anwendung auf seinen eigenen geistigen Apparat das Zahlensystem mit seinen Entsprechungen teilweise versteht – anstatt es nur auswendig zu lernen –, wird er erstaunt sein, wie ihm auf Schritt und Tritt neues Licht zuteil wird, wenn er fortfährt, jeden Punkt in Erfahrung und Bewusstsein auf diesen Standard zu beziehen.

Ein Kabbalist der letzten Jahre, Mr. Charles S. Jones (Frater Achad, Pseudonym), schreibt in seinem Q. B. L. folgendes:

„Es ist von größter Wichtigkeit, dass die Einzelheiten des Plans *auswendig gelernt* werden. Dies ist möglicherweise der Hauptgrund, warum die Kabbala in früheren Zeiten von Mund zu Ohr und nicht schriftlich weitergegeben wurde, denn sie trägt nur dann Früchte, wenn sie zunächst in unserem Geist verwurzelt ist. Wir können davon lesen, sie bis zu einem gewissen Grad studieren, auf dem Papier damit herumspielen und so weiter, aber erst, wenn der Geist selbst das Bild des Baumes annimmt und wir in der Lage sind, geistig von Ast zu Ast, von Entsprechung zu Entsprechung zu gehen, den Prozess zu visualisieren und ihn so zu einem lebenden Baum zu machen, stellen wir fest, dass uns das Licht der Wahrheit aufgeht und wir sozusagen erfolgreich einen Baum über die Erde treiben, sodass wir uns – wie im Fall eines jungen Baumes – in einer neuen Welt wiederfinden, während unsere Wurzeln noch fest in unserem natürlichen Element verankert sind."

Der Sohar selbst spricht von einem göttlichen spirituellen Einfluss, der סוהאר genannt wird und der von Kether zu Malkuth herabsteigt, über die Pfade, und alle Dinge belebt und erhält. Indem wir uns bemühen, die Wurzeln dieses lebenden Baumes in unser eigenes Bewusstsein einzupflanzen, indem wir ihn täglich mit Hingabe, Zärtlichkeit und Ausdauer pflegen, werden wir fast unmerklich feststellen, dass neues spirituelles Wissen spontan in uns aufsteigt. Das Universum wird dann beginnen, als synthetisches homogenes Ganzes zu erscheinen, und der Schüler wird entdecken, dass die Gesamtheit seines Wissens vereinheitlicht wird, und er wird feststellen, dass er sogar auf der intellektuellen Ebene das All in das Eine umwandeln kann. Dies ist auf lange Sicht das Ziel jedes Mystikers, alles Unwesentliche zu verwerfen, ganz gleich, mit welchem Namen er seinen Pfad benennt und welchen der verschiedenen Nebenwege erfolgt.

Bevor wir uns an die eigentliche Exegese der Sephiroth machen, muss noch eine weitere Vorfrage angesprochen werden. Viele Kabbalisten haben die 78 Tarotkarten, eine Reihe bildlicher Darstellungen des Universums, als Lebensbaum bezeichnet. Eliphas Levi schreibt in *La Histoire de la Magie* folgendes: „Die absolute Hieroglyphenwissenschaft hatte als Grundlage ein Alphabet, in dem alle Götter Buchstaben, alle Buchstaben Ideen, alle Ideen Zahlen und alle Zahlen vollkommene Zeichen waren. Dieses Hieroglyphenalphabet, aus dem Moses das große Geheimnis seiner Kabbala machte, ist das berühmte Buch von Thoth."

Die Blätter dieses „berühmten Buches" werden auch Atus von Thoth genannt, dem ägyptischen Gott der Weisheit. Court de Gebelin (Paris, 1781) bemerkt: „Würden wir hören, dass es in unseren Tagen ein Werk der alten Ägypter gibt, eines ihrer Bücher, das den Flammen, die ihre großartigen Bibliotheken verschlangen, entgangen ist und das ihre reinsten Lehren enthält... Würden wir hinzufügen, dass dieses Buch seit mehreren Jahrhunderten für jedermann zugänglich ist, wäre das nicht überraschend? Und wäre diese Überraschung nicht am größten, wenn behauptet würde, dass die Leute nie vermutet hätten, es sei ägyptisch, dass sie es in einer Weise besitzen, von der man kaum sagen kann, dass sie es überhaupt besitzen, dass niemand jemals versucht hat, ein einziges Blatt zu entziffern, und dass das Ergebnis einer geheimnisvollen Weisheit als eine Masse extravaganter Entwürfe angesehen wird, die an sich nichts bedeuten?

• • • • Doch dies ist eine wahre Tatsache. • • • Mit einem Wort, dieses Buch ist das Tarot-Kartenspiel."

Die Legende über den Ursprung dieser 78 Atus ist in der Tat höchst merkwürdig und interessant, obwohl man nicht für ihre Genauigkeit bürgen kann. Es heißt, dass die Adepten der Antike, als sie sahen, dass mit dem Aufkommen der sogenannten christlichen Ära ein Zyklus spirituellen Verfalls und geistiger Stagnation über Europa hereinbrechen würde, damit beschäftigt waren, Pläne zur Bewahrung ihres angesammelten Wissens zu schmieden. Es sollte für das Zeitalter aufbewahrt werden, in dem die Menschen weit genug fortgeschritten und spirituell unvoreingenommen genug wären, um es zu empfangen, und dennoch während der Zwischenzeit verfügbar sein, sogar während des Zyklus völliger geistiger Trägheit, sodass jedes Mitglied der Gemeinschaft, das den inneren Drang verspürte, sich mit den Studien zu beschäftigen, mit denen sich insbesondere die Kabbala befasst, leichten Zugang dazu erhalten würde.

Bei einer Konferenz im Heiligtum der Gnosis begannen sie, das Thema in all seinen Aspekten zu betrachten. Ein Adept hatte die Idee vertreten, ihr gesamtes Wissen auf einige wenige Symbole und Glyphen zu reduzieren und diese in unvergänglichen Fels zu hauen, wie es König Asoka in Indien getan hatte. Andere waren dafür, ihr Wissen so wie es war niederzuschreiben und die Manuskripte in riesigen unterirdischen Bibliotheken (wie es Blavatsky heute in Tibet erzählt) aufzubewahren, die zu einem viel späteren Zeitpunkt geöffnet werden sollten.

Keiner dieser Vorschläge erfüllte jedoch die erforderlichen Bedingungen, bis ein Adept, der bisher zurückgelehnt dasaß und sich kaum an den Diskussionen beteiligte, ungefähr Folgendes sagte:

"Es gibt eine viel praktischere und doch subtilere Methode. Reduzieren wir unser gesamtes Wissen über den Menschen und das Universum auf Symbole, die in Bildern dargestellt werden können, die für die Verwendung als gewöhnliches Spiel geeignet sind. Auf diese Weise wird die angesammelte Weisheit der Zeitalter auf unorthodoxe Weise bewahrt, wobei sie von der Herde unbemerkt als Philosophie der Eingeweihten gilt und doch mehr als nur einen Hinweis für jemanden gibt, der nach der Wahrheit sucht."

Dieser in jeder Hinsicht bewundernswerte Vorschlag wurde von der Versammlung angenommen, und einer von ihnen, ein Adept, der mit Pinsel, Tinte und Feder vertraut war, malte eine Reihe von 78 Hieroglyphen, von denen jede symbolisch einen bestimmten Aspekt des Lebens, des Menschen und des Kosmos darstellt.

Und so sind diese Karten bis heute intakt und praktisch unverfälscht zu uns gekommen. Es stimmt, dass einige Künstler, die weder mit den Feinheiten der Heiligen Kabbala vertraut noch Adepten wie die Urheber der Karten sind, beim Malen von Kopien der Tarotkarten einige der Symbole auf dem Originalbildsatz völlig falsch dargestellt, verlegt und in einigen Fällen ganz weggelassen haben. Doch jeder, der sich mit der geheimen Weisheit auskennt, kann sie problemlos rekonstruieren. Erst im letzten Jahrhundert gab es die Aussage von Eliphas Levi, dass es einem Mann, der in einer Kerkerzelle in Einzelhaft ohne Bücher oder Anweisungen jeglicher Art eingesperrt wäre, dennoch möglich wäre, aus diesem Kartensatz ein enzyklopädisches Wissen über das Wesen aller Wissenschaften, Religionen und Philosophien zu erlangen. Wenn wir dieses Beispiel für Levis typische Weitschweifigkeit ignorieren, müssen wir nur darauf hinweisen, dass Levi als Grundlage für sein magisches Alphabet nicht die zehn Ziffern und die zweiundzwanzig Buchstaben des hebräischen Alphabets verwendete, sondern als Grundgerüst die zweiundzwanzig Trumpfkarten des Buches Thoth übernahm und ihnen sein Wissen und seine Erfahrung zuschrieb, ähnlich wie den zweiunddreißig Pfaden der Weisheit.

Einige Kritiker haben die Meinung gewagt, dass die hier vorgeschlagene Interpretation des Lebensbaums, seine Verwendung als Klassifizierungsmethode, nicht „glaubwürdig" sei und dass sie in den Standardwerken der Kabbala keine Autorität habe. Diese Kritik ist in der Realität völlig unbegründet. Ein Versuch in diese Richtung ist am deutlichsten im Sepher Yetsirah zu erkennen, und der Sepher haSohar ist voll von den geheimnisvollsten Zuschreibungen, von denen ich viele der Einfachheit halber hier überhaupt nicht wiedergegeben habe. Ich kann nur empfehlen, dass diejenigen, die diese und ähnliche Einwände vorbringen, Mr. Waites Zusammenfassung der Sohar-Philosophie, *Die Geheimlehre in Israel*, sorgfältig zu Rate ziehen, die im Wesentlichen zeigt, dass die Grundlage meiner Interpretation die Zustimmung der höchsten kabbalistischen Autorität hat. Lassen Sie uns nun die Exegese der Philosophie der Kabbala in ihren verschiedenen Aspekten angehen. Zunächst werden wir uns eingehender mit den zehn Sephiroth -Ideen befassen und dem Studierenden in einem späteren Kapitel Beispiele für die Behandlungsweise geben, die er dann selbst beim Studium der Zuschreibungen aller Pfade befolgen kann.

O. AIN

Das Universum, als Gesamtheit aller Dinge und Lebewesen, wird so aufgefasst, als habe es seinen ursprünglichen Ursprung im unendlichen Raum, אִין Ain, Nichts oder Parabrahmam, der grundlosen Ursache aller Manifestationen. Um den Sohar zu zitieren:

„Bevor er irgendeine Form in der Welt schuf, bevor er irgendeine Form hervorbrachte, war er allein, ohne Form, ähnelte nichts. Wer könnte ihn so begreifen, wie er damals war, vor der Schöpfung, da er keine Form hatte?"

Das Ain ist kein Wesen; es ist Nichts. Das, was unverständlich, unbekannt und unerkennbar ist, existiert nicht – zumindest, um genauer zu sein, soweit es unser eigenes Bewusstsein betrifft. Blavatsky definiert diese ursprüngliche Realität als ein allgegenwärtiges, ewiges und grenzenloses Prinzip, über das jede Spekulation absolut unmöglich ist, da es die Macht menschlicher Vorstellung und Gedanken so übersteigt, dass es nur durch jede Ähnlichkeit in den Schatten gestellt würde. Das, was bekannt und benannt ist, wird nicht aufgrund der Kenntnis seiner Substanz bekannt und benannt, sondern aufgrund seiner Begrenzungen.

An sich ist es unerkennbar, undenkbar und unaussprechlich. Rabbi Azariel ben Menahem (geboren 1160 n. Chr.), ein bereits erwähnter Schüler von Isaak dem Blinden, erklärt, dass das Ain weder mit dem Verstand erfasst noch mit Worten beschrieben werden kann; denn es gibt keinen Buchstaben oder kein Wort, um es zu begreifen.

In einem anderen sehr wichtigen System wird diese Idee sehr malerisch und grafisch dargestellt als die Göttin Nuit, die Königin des absoluten Raums und das nackte Strahlen des blauen Nachthimmels – die Frau, „die die Milch der Sterne (kosmischen Staub) aus ihren Brüsten spritzt".

Es ist das Absolute oder das Unerkennbare des Agnostizismus von Herbert Spencer, die dreimal große Dunkelheit der ägyptischen Priesterkaste und das chinesische Tao, das der

Leere des Raums ähnelt und das keinen Vater hat. Es ist jenseits aller anderen Vorstellungen, höher als das Höchste. In einer der Meditationen von Chuang Tzu finden wir, dass Tao nicht existieren kann. Wenn es existieren würde, könnte es nicht nicht existieren. Tao ist etwas jenseits materieller Existenzen. Es kann weder durch Worte noch durch Schweigen vermittelt werden. In diesem Zustand, der weder Sprache noch Schweigen ist, kann seine transzendentale Natur wahrgenommen werden." Dieser kabbalistischen Vorstellung oder diesem Prinzip der Null kann Baruch Spinozas Definition von Gott oder Substanz zugeordnet werden: "Das, was zu seiner Vorstellung die Vorstellung von nichts Anderem erfordert".

Ein weiteres der vielen Symbole, die von den Hindus zur Darstellung dieser Null verwendet wurden, war das der Schlange Ananta, die das Universum umschloss; ihr Schwanz, der in ihrem Maul verschluckt wurde, stellte die wiedereintretende Natur der Unendlichkeit dar.

I. KETHER

Um sich seiner selbst bewusst zu werden oder sich selbst verständlich zu machen, wird Ain zu אין סופה Ain Soph (Unendlichkeit) und noch weiter zu איו אין סופה אוור Ain Soph Aour, dem absoluten grenzenlosen Licht (das Daivaprakriti der Brahmanen-Vedantisten und der Adi-Buddha oder Amitabha der Buddhisten); das sich dann durch Kontraktion (Tsimtsum, gemäß Sohar) in einem zentralen dimensionslosen Punkt-*Kether* konzentriert, der Krone, die die erste Sephira auf dem Lebensbaum ist.

Eine andere Art, in der diese Idee zum Ausdruck gebracht wurde, ist, dass innerhalb des Konzepts der abstrakten Negativität die wirbelnden Kräfte (*Rashis haGilgolim)* die erste Manifestation des Urpunkts (*Nekudah Rishonall*) ankündigen, der zur Urwurzel wird, aus der alles andere entspringen wird. Kether ist die unergründliche Monade, die Wurzel aller Dinge, die von Leibnitz sowohl in Bezug auf die ultimative Natur physischer Dinge als auch auf die ultimative Einheit des Bewusstseins als metaphysischer Punkt definiert wurde, ein Zentrum spiritueller Energie, unendlich und unteilbar, voller unaufhörlichem Leben, Aktivität und Kraft. Es ist der Prototyp von allem Spirituellen und tatsächlich allem anderen im Kosmos.

In diesem Zusammenhang tut der Leser gut daran, den folgenden Auszug aus *The Mysterious Universe* im Gedächtnis zu behalten, in dem Sir James Jeans schreibt:

„Dies zeigt, dass ein Elektron in gewissem Sinne zumindest den gesamten Raum einnehmen muss... Sie (Faraday und Maxwell) stellten sich ein elektrifiziertes Teilchen vor, ... das ‚Kraftlinien' durch den gesamten Raum aussendet (S. 54-5).

Die wissenschaftliche Vorstellung des mathematischen Elektrons, das „den gesamten Raum" einnimmt, entspricht der kabbalistischen Vorstellung von Kether in der Welt von Assiah. Die vier Welten werden in Kapitel 7 erklärt.

In der Kabbala sind die sogenannten zehn Sephiroth enthalten. Es gibt einige Spekulationen darüber, was diese bedeuten – zehn Zahlen, zehn Wörter oder zehn Töne? Die allgemeine Implikation von Cordovero ist, dass es sich um substanzielle Prinzipien oder *Kehlim* handelt, Gefäße von Kraft oder kategorische Ideen, durch die sich das Bewusstsein des Universums ausdrückt. Eine metaphorische Passage aus dem Sohar sagt zu diesem Punkt:

„Das Wasser des Meeres ist grenzenlos und formlos. Aber wenn es über die Erde verteilt wird, erzeugt es eine Form. ... Die Quelle des Meereswassers und die Kraft, die es ausstrahlt, um sich über den Boden zu verteilen, sind zwei Dinge. Dann wird durch das Wasser ein riesiges Becken geformt, genau wie es entsteht, wenn man sehr tief gräbt. Dieses Becken wird durch das Wasser gefüllt, das aus der Quelle kommt; es ist das Meer selbst und kann als drittes Ding betrachtet werden. Diese sehr große Wassermulde ist in sieben Kanäle aufgeteilt, die wie ebenso viele lange Röhren sind, durch die das Wasser geleitet wird. Die Quelle, die Strömung, das Meer und die sieben Kanäle bilden zusammen die Zahl Zehn..."

Die Passage erklärt weiter, dass die Quelle oder primäre Ursache aller Dinge Kether ist, die erste Sephira; der daraus entspringende Strom, die ursprüngliche quecksilberne Intelligenz, Chokmah ist, die zweite; und das Meer selbst ist die Große Mutter, Binah, die dritte; die erwähnten sieben Kanäle sind die sieben unteren Sephira oder Untergeordneten, wie sie genannt werden. Die Kabbalisten postulierten zehn Sephiroth, weil für sie zehn eine perfekte Zahl war, eine, die jede Ziffer ohne Wiederholung umfasste und die gesamte Essenz aller Zahlen enthielt. Isaac Myers schreibt, dass 0-1 mit 1-0 endet, und Rabbi Moses Cordovero sagt in seinem Pardis Rimonim in einem Monolog:

„Die Zahl Zehn ist eine allumfassende Zahl. Außerhalb dieser Zahl existiert keine andere, denn alles, was jenseits der Zehn liegt, kehrt wieder zu Einheiten zurück." Keser, die Krone, ist dann die erste Sephira. Als erste Ursache oder Demiurgos wird sie im Sohar auch Macroprosopus oder das Große Antlitz genannt. Die Zahl Eins wurde von Theon von Smyrna als „das Haupt- und Element der Zahlen" definiert, „das zwar durch Subtraktion verringert werden kann und selbst jeder Zahl beraubt ist, aber stabil und fest bleibt". Die Pythagoräer sagten, dass die Monade der Anfang aller Dinge sei, und gaben ihr laut Photius die Namen Gottes, des Ersten aller Dinge, des Schöpfers aller Dinge. Sie ist die Quelle der Ideen.

Abbildung 2
DIE ÜBERNATÜRLICHE TRIADE

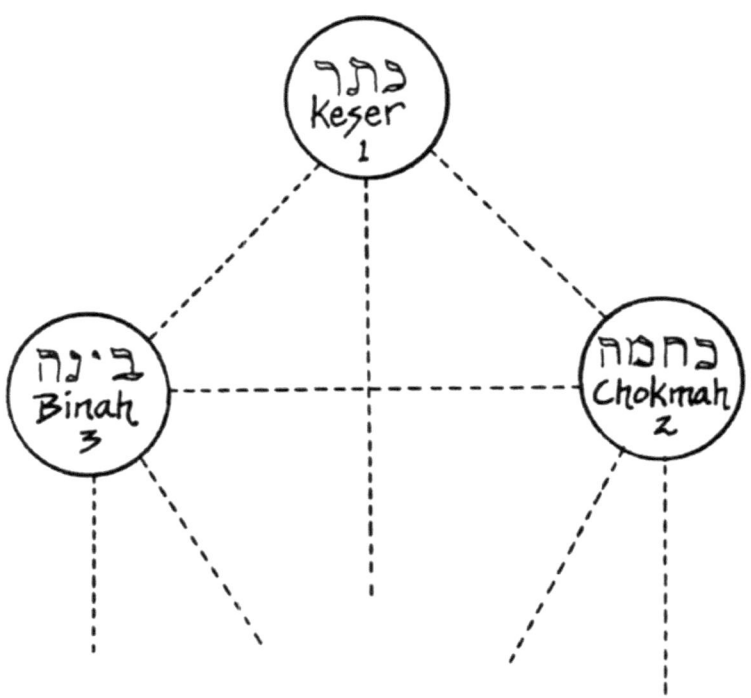

Jeder Sephira schreibt die doktrinäre Kabbala Intelligenzen zu, die verschiedentlich Götter, Dhyan Chohans, Engel und Geister usw. genannt werden, denn das gesamte Universum wird in dieser Philosophie von einer ganzen Reihe dieser Hierarchien fühlender Wesen geleitet und belebt, von denen jedes eine besondere Funktion und Mission hat und sich in seinen jeweiligen Graden und Zuständen von Bewusstsein und Intelligenz unterscheidet. Es gibt nur ein unteilbares und absolutes Bewusstsein, das in jedem Teilchen und jedem infinitesimalen Punkt des manifestierten Universums im Raum durchdringt. Aber seine erste Differenzierung durch Emanation oder Reflexion ist rein spirituell und führt zu einer Anzahl von „Wesen", die wir Götter nennen können, deren Bewusstsein von einer solchen Natur und einem solchen Grad an Erhabenheit ist, dass es unser Verständnis übersteigt. Aus einer bestimmten Perspektive sind die „Götter" die Kräfte der Natur; ihre „Namen" sind die Gesetze der Natur; Sie sind daher ewig, allgegenwärtig und allmächtig – jedoch nur für den Zyklus der Zeit, so nahezu unendlich dieser auch sein mag, in dem sie sich manifestieren oder projizieren.

Die Namen der Götter sind wichtig, denn gemäß der magischen Lehre bedeutet die Kenntnis des Namens einer Intelligenz sofort, dass man sie eigentümlich beherrschen kann. Prof. W.M. Flinders Petrie stellt in seinem kleinen Werk über die *Religion des alten Ägypten* fest, dass „die Kenntnis des Namens Macht über ihren Besitzer verlieh".

Wir finden, dass der Krone, der ersten Ziffer, der Gottesname אהיה Ahieh zugeordnet ist, der mit „Ich werde sein" übersetzt wird, was eindeutig bedeutet, dass das Schema der Natur weder statisch noch ein Existenzsystem ist, in dem die kreativen Prozesse längst abgeschlossen sind, sondern lebendig, fortschreitend und sich immer weiter entwickelnd. Seine ägyptischen Götter sind Ptah, der laut Prof. Flinders Petrie einer der abstrakten Götter (im Unterschied zu menschlichen oder kosmischen Göttern) und der Schöpfer des kosmischen Eies war; und Amon-Ra (mit dem Osiris identifiziert wurde), König der Götter und „Herr der Throne der Welt". Sein griechisches Äquivalent ist Zeus, der in der römischen Theogonie als Jupiter identifiziert wird, der größte der olympischen Götter, und der im Allgemeinen als allmächtiger Vater und König der Götter und Menschen dargestellt wird. Die Römer betrachteten Jupiter als den Herrn des Himmels, den höchsten und mächtigsten unter den Göttern, und nannten ihn den Besten und Höchsten. In den indischen Systemen ist er Brahma, der Schöpfer, aus dem die sieben Prajapati hervorgingen – unsere sieben niedrigsten Sephiroth, die auf sein Geheiß die Erschaffung der Welt vollendeten.

Der Diamant wird Kether zugeschrieben, weil er der beständigste und glänzendste aller kostbaren Edelsteine ist. Aus verschiedenen Gründen machten die Alten auch den Schwan zu einer Entsprechung dieser Ziffer. In den Legenden aller Völker ist der Schwan das Symbol des Geistes und der Ekstase. Die

Hindu-Legenden erzählen, dass der Schwan (Hansa), als er Milch mit Wasser vermischt zu sich nahm, die beiden trennte, indem er die Milch trank und das Wasser verließ – dies soll seine transzendente Weisheit zeigen. Auch der Falke ist eine Entsprechung. Wenn wir bedenken, dass Kether die Monade ist, der individuelle Standpunkt, können wir verstehen, dass der Falke so zugeschrieben wird, weil er die Angewohnheit hat, in der Luft zu verharren, vom blauen Himmel auf die Erde herabzublicken und alle Dinge mit dem Auge der völligen Distanz zu betrachten.

Ambra, das seltenste und kostbarste aller Parfüme, das zwar nur wenig Parfüm enthält, aber als Grundlage von Verbindungen am bewundernswertesten ist und das Beste aus allen anderen, mit denen es gemischt werden kann, hervorbringt, findet seinen Platz in dieser Kategorie von Ideen. Die Kether zugeschriebene Farbe ist Weiß, seine Zuschreibungen im Tarot sind die vier Asse, und er wird im *Sepher Yetsirah* „Die bewundernswerte oder verborgene Intelligenz" genannt.

Nach Rabbi Azariels Kommentar zu den zehn Sephiroth hat jeder der Sephiroth drei unterschiedliche Eigenschaften. Erstens hat er seine eigene Sephiroth -Funktion, die bereits beschrieben wurde. Sein sekundärer Aspekt ist, dass es von den vorherigen Sephiroth empfängt, oder von oben, im Fall von Kether; und drittens überträgt es seine eigene Natur und die von oben empfangene an die Sephiroth darunter.

II. CHOKMAH

Die erste Sephira (die Essenz von Sein-Geteilter-Materie) enthielt in Essenz und Potentialität die anderen neun Sephiroth und brachte sie in einem mathematisch darstellbaren Prozess hervor. S. Liddell McGregor Mathers fragt: „Wie findet man die Zahl Zwei?" Er beantwortet die Frage in seiner Einführung in *Kabbalah Unveiled*:

„Durch Reflexion seiner selbst. Denn obwohl 0 nicht definierbar ist, ist 1 definierbar. Und die Wirkung einer Definition besteht darin, ein Eidolon, Duplikat oder Bild des definierten Dings zu bilden. So erhalten wir also einen Duad, der aus 1 und seiner Reflexion besteht. Nun haben wir auch den Beginn einer festgelegten Schwingung, denn die Zahl 1 schwingt abwechselnd von Unveränderlichkeit zur Definition und zurück zur Unveränderlichkeit."

Isaac Ibn Latif (1220-1290 n. Chr.) liefert uns auch eine mathematische Definition der Evolutionsprozesse:

„Wie der Punkt sich ausdehnt und zu einer Linie verdichtet, die Linie zur Ebene, die Ebene zum ausgedehnten Körper, so entfaltet sich Gottes Manifestation."

Wenn wir einen Moment lang versuchen, darüber nachzudenken, was die ultimative Differenzierung der Existenz ist, werden wir feststellen, dass sie, soweit wir sie begreifen können, ein Plus und Minus, positiv und negativ, männlich und weiblich ist, und so sollten wir erwarten, dass auf der „Freiheit des Lebens" die beiden Emanationen, die auf Kether folgen, diese Eigenschaften aufweisen. Wir stellen fest, dass die zweite Sephira, Chokmah oder Weisheit, männlich, kraftvoll und aktiv ist. Sie wird der Vater genannt, der göttliche Name ist „Yo", und der Chor der Engel sind in angemessener Weise die Ophanim.

Tahuti oder Thoth wird dieser Sephira der Weisheit zugeschrieben, denn er war der Gott des Schreibens, des Lernens und der Magie. Thoth wird als Gott mit Ibiskopf dargestellt und wird gelegentlich von einem Affen oder Pavian begleitet. Pallas Athene, insofern sie die Geberin intellektueller Gaben ist und in der Macht und Weisheit harmonisch miteinander verschmolzen sind, wird Chokmah zugeschrieben. In der griechischen Mythologie erschien sie als Bewahrerin des menschlichen Lebens und richtete den alten Hof des Areopags in Athen ein. Im römischen System ist sie auch Minerva, deren Name nach Ansicht von Philologen die Wurzel von *mens* (denken) enthält; sie ist dementsprechend die personifizierte Denkkraft. Maat, die Göttin der Wahrheit, die mit Thoth in Verbindung gebracht wird, ist eine weitere ägyptische Entsprechung. Uranus als Sternenhimmel und Hermes als Logos und Übermittler des Einflusses von Kether werden ebenfalls zugeschrieben. Im Taoismus würde das positive Yang dieser Sephira entsprechen.

Chokmah ist das lebenswichtige, energetisierende Element der Existenz, der Geist oder der Purusha der Sankhya-Philosophie Indiens, womit die grundlegende Realität gemeint ist, die allen Manifestationen des Bewusstseins zugrunde liegt. In Blavatskys System wäre Chokmah das, was dort Mahat oder „kosmische Ideenbildung" genannt wird. Bei den Buddhisten Chinas ist dies Kwan Shi Yin; bei den Hindus Vishnu und Ishvara. Chokmah ist das Wort, der griechische Logos und die Menrah des Targum. Der Sepher Yetsirah nennt es „Die erleuchtende Intelligenz"; sein Planet ist Uranus – obwohl ihm traditionell die Sphäre des Zodiak zugeordnet wird.

Seine Farbe ist grau; sein Duft ist der orchideenartige Moschus, die Pflanze der Amarant, die Blume der Unsterblichkeit; und die Vier Zweien des Tarot. Seine Edelsteine sind der Sternrubin, der die männliche Energie des schöpferischen Sterns darstellt, und der Türkis, der Mazlos, die Sphäre des Tierkreises, symbolisiert.

Der Sohar schreibt Chokmah auch den ersten Buchstaben Yod ' des Tetragrammatons YHVH zu, eine Formel, die später ausführlicher erklärt wird. Dem Yod werden auch die Vier Könige des Tarot zugeschrieben. Die Zuschreibungen des Tetragrammatons sollten sehr sorgfältig befolgt werden, denn ein Großteil der Spekulationen des Sohars bezieht sich auf sie.

III. BINAH

Chokmah führt zu Binah, der dritten Sephira, Aimah, der Mutter, die negativ, weiblich und passiv ist. Es wird notwendig sein, das beigefügte Diagramm zu konsultieren, um die Bildung des Baumes im weiteren Verlauf zu erkennen. Drei ist Binah, übersetzt mit Verständnis, und ihm werden Saturn, der älteste der Götter, und der griechische Kronos, der Gott der Zeit, zugeschrieben. Sie ist Frigg, die Frau des Korse Odin und Mutter aller Götter. Drei ist auch Shakti, die Gemahlin des Gottes Shiva, der der Zerstörer des Lebens ist. Shakti ist jene universelle elektrische Lebenskraft, die alle Formen vereint und zusammenbringt, die konstruktive Kraft, die bei der Bildung der Dinge den Plan des Göttlichen Gedankens ausführt, der Chokmah ist. Binah ist Maya, die universelle Kraft der Illusion, Kwan Yin des chinesischen Buddhismus, das Yin des Taoismus, die Göttin Kali der orthodoxen hinduistischen Religionen und das Große Meer, aus dem wir entstanden sind.

Das hinduistische vierarmige Bild von Kali ist äußerst anschaulich. An ihrem Hals hängt eine Girlande aus Totenköpfen, und um ihre Taille liegt ein Gürtel aus menschlichen Armen – aus Gold. In ihrer unteren linken Hand hält sie einen abgetrennten menschlichen Kopf, ebenfalls aus Gold, und in der oberen ein Schwert. Mit ihrer unteren rechten Hand bietet sie ihren Anhängern Segen an, die obere ein Symbol dafür, nichts zu fürchten. Die Totenköpfe und das Schwert repräsentieren ihre schreckliche, zerstörerische Seite, Kali; und ihre rechten Hände bieten Segen und Furchtlosigkeit, ihre gütige Seite ähnelt der, durch die ägyptische Vorstellung von Isis vermittelten Vorstellung. Sie ist sowohl schrecklich als auch sanft wie die Natur, die abwechselnd zerstört und erschafft.

Im theosophischen System ist ein Aspekt von Binah Mulaprakriti oder kosmische Wurzelsubstanz, die, wie Blavatsky sagt, als Objektivität in ihrer reinsten Abstraktion betrachtet werden muss – die selbstexistierende Basis, deren Differenzierungen die objektive Realität bilden, die den Phänomenen jeder Phase bewusster Existenz zugrunde liegt. Es ist diese subtile Form der Wurzelmaterie, die wir berühren, fühlen und atmen, ohne sie wahrzunehmen, die wir ansehen, ohne sie zu sehen, die wir hören und riechen, ohne die geringste Kenntnis ihrer Existenz zu haben. Die *Kabbala* von Isaac Myers legt das Prinzip fest, dass Materie (die spirituelle passive Substanz von Ibn Gabirol) immer dem weiblichen passiven Prinzip entspricht, das vom aktiven oder dem männlichen, formativen Prinzip, beeinflusst wird. Kurz gesagt, Binah ist das substanzielle Vehikel jedes möglichen Phänomens, physisch oder mental, genau wie Chokmah die Essenz des Bewusstseins ist.

Seine Farbe ist schwarz, da es negativ und für alle Dinge empfänglich ist; der Edelstein, der ihm zugeschrieben wird, ist die Perle, da sie der typische Stein des Meeres ist, und bezieht sich auch auf die Art und Weise, wie die Perle ihren Ursprung im dunklen Mutterleib der Auster hat. Sein yetsiratischer Titel ist „Die heiligende Intelligenz", seine heiligen Pflanzen sind Zypresse, Lilie und Schlafmohn, und die entsprechenden Tarotkarten sind die vier Dreien. Sein Symbol ist die brütende Taube – die wahre Shechinah oder der Heilige Geist. Der Buchstabe des Tetragrammatons ist das erste Heh ה, und die Tarotzuschreibung sind die vier Königinnen.

Die ersten drei Sephiroth, die Supernals genannt werden, überschreiten in jeder möglichen Weise alle intellektuellen Vorstellungen und können nur durch spezielles Training in Meditation und praktischer Kabbala verwirklicht werden. Die Supernals sind durch eine große Kluft, den Abgrund, von dem, was unter ihnen liegt, getrennt. Die Supernals sind Ideal; die anderen Sephiroth sind Tatsächlich; der Abyss ist die metaphysische Lücke zwischen ihnen. In gewisser Weise haben sie keine Verbindung oder Beziehung zu den Inferiors, den unteren sieben Sephiroth, die von ihnen reflektiert werden – so wie der Raum selbst unabhängig davon und unbeeinflusst davon ist, ob sich in seiner Leere etwas manifestiert oder nicht.

Die Ursache für das Erscheinen von Kether, der ersten Sephira, dem zentralen dimensionslosen Punkt, wirft enorme Probleme auf. Lao Tse lehrt uns: „Tao brachte Einheit hervor, Einheit brachte Dualität hervor, Dualität brachte Dreifaltigkeit hervor und Dreifaltigkeit brachte alle existierenden Dinge hervor." Die doktrinäre Kabbala von Rabbi Azariel impliziert, dass

Ain Soph, um die Welt (die zehnte Sephira) zu erschaffen, dies nicht direkt tun konnte, sondern dies durch das Medium Kether tat, das wiederum die anderen Sephiroth oder Potenzen entwickelt, die in Malkuth und dem äußeren Universum gipfeln. Der Sohar wiederholt diese Hypothese. Aber es gibt eine Schwierigkeit, da es offensichtlich unmöglich ist, dass eine so abstrakte Vorstellung wie Zero irgendetwas bewirkt. Blavatsky erkennt in ihrem monumentalen Werk *Die Geheimlehre* die Schwierigkeit und versucht, das Problem zu lösen, indem sie feststellt, dass das Absolute (Ain), obwohl es an sich unverständlich ist, mehrere Aspekte hat, von denen aus wir es betrachten können – unendlichen Raum, ewige Dauer und absolute Bewegung. Letzterer Aspekt wird grafisch unter dem hinduistischen Ausdruck des Großen Atems von Brahma aufgefasst, der immer kommt und geht, die Welten erschafft und zerstört. Mit der zyklischen Einatmung wird das Universum zurückgezogen und hört auf zu existieren; mit der Ausatmung jedoch beginnt die Manifestation mit dem Erscheinen eines Laya oder neutralen Zentrums, das wir Kether nennen. Dieses zyklische oder periodische Gesetz der kosmischen Manifestation kann nichts anderes sein als der Wille des Absoluten, sich zu manifestieren. In diesem Fall müssen wir in aller Genauigkeit auf das alte Postulat zurückgreifen, dass das Absolute den Laya-Punkt oder Kether manifestiert, aus dem sich letztendlich alles entwickeln soll.

Die Ansicht eines anderen Systems ist, dass das Universum das ewige Liebesspiel (lila auf Sanskrit) zweier Kräfte ist, wobei die positive der zentrale Punkt Hadit ist und die negative der absolute Raum. Letztere, dargestellt als die Königin des Raums, Nuit, die „blaulidrige Tochter des Sonnenuntergangs", soll sagen: „Denn ich bin aus Liebe geteilt, für die Chance der Vereinigung. Dies ist die Erschaffung der Welt, dass der Schmerz der Teilung nichts ist und die Freude der Auflösung alles."

Angesichts unserer kabbalistischen Lehre von der Unzulänglichkeit der intellektuellen Fähigkeiten zur Lösung dieser unüberwindlichen philosophischen Probleme – eine Tatsache, die eine Reihe redseliger Kabbalisten ständig ignorieren oder vergessen – wäre es jedoch ebenso gut und viel vernünftiger, zuzugeben, dass wir die Existenz der ersten Sephira, aus der alles andere hervorgegangen ist, logisch nicht erklären können.

IV. CHESED

Nummer Vier, genannt Chesed-Gnade, beginnt die zweite Triade der Sephiroth, die eine Widerspiegelung der himmlischen Triade jenseits des Abgrunds ist. Die drei primären oder elementaren Farben werden den Sephiroth dieser zweiten Dreifaltigkeit zugeschrieben: Blau Chesed, Rot Geburah und Gelb Tipharas.

Die vierte bis einschließlich neunte Sephiroth sind bekannt als die *Sephiroth habinyon* – die Kräfte der Konstruktion, und Myers vertritt die Ansicht, dass sie die Dimensionen der Materie symbolisieren, sei es ein Atom oder ein Universum: die vier

Raumrichtungen (gemäß dem *Sepher Yetsirah*) und die positiven und negativen Pole von jeder dieser Richtungen.

Chesed ist männlich und positiv, obwohl ihm die weibliche Eigenschaft des „Wassers" zugeschrieben wird. Der Sohar gibt Chesed einen weiteren Titel, nämlich גידולאה Gedulah, Majestät oder Größe, beides Eigenschaften des großen astrologischen Wohltäters ♃ Jupiter, der Chesed zugeschrieben wird. Die Astrologie gibt ihm den Titel „Rezeptakuläre Intelligenz".

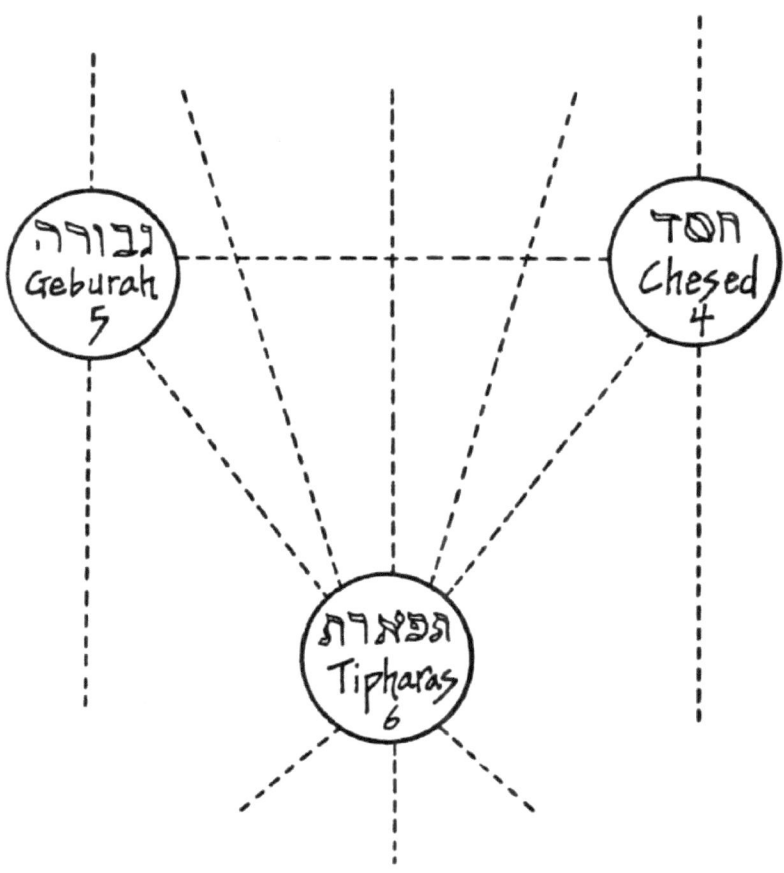

Abbildung 3
DIE ZWEITE TRIADE

Aufgrund des wässrigen Aspekts dieser Sephira finden wir die Entsprechung von Poseidon, dem Herrscher der Meere in der Mythologie, und Jupiter, oder vielmehr jenem Aspekt von ihm, der ursprünglich, im frühen Rom, eine Elementar- oder

Schutzgottheit war, die als Gott des Regens, der Stürme und des Donners verehrt wurde. Sein griechisches Äquivalent wäre Zeus, bewaffnet mit Donner und Blitz, dessen Erschütterungen Sturm und Tumult erzeugen. Die Hindu-Zuschreibung lautet Indra, Herr des Feuers und des Blitzes. Amun ist der ägyptische Gott, und Thor, mit dem Blitz in der Hand, seine skandinavische Entsprechung. Ägir, der Gott des Meeres in den nordischen Sagen, könnte ebenfalls in diese Kategorie eingeordnet werden; und die Legenden deuten darauf hin, dass er auch in Magie bewandert war. ♃ ist also, wie wir feststellen, der Planet, der diese praktische Magie beherrscht, die Formel des Tetragrammatons genannt wird.

Seine Engel sollen die „Brillanten" sein und sein Erzengel ist Tsadkiel, was die Gerechtigkeit Gottes bedeutet. Die Chesed heiligen Tiere sind das Einhorn und das Pferd, letzteres, weil Poseidon der Legende nach das Pferd erschuf und den Menschen die edle Kunst lehrte, Pferde am Zügel zu führen. Seine Pflanzen sind Kiefer, Olive und Kleeblatt; seine Steine sind Amethyst und Saphir; seine Farbe ist Blau, und die Tarot-Zuschreibungen sind die vier Vieren, sein Metall ist Zinn und sein Duft ist Zeder.

V. GEBURAH

Chesed führt zu Geburah, die im Wesentlichen eine Widerspiegelung von Binah ist. Geburah, was Stärke oder Macht bedeutet, ist die fünfte Sephira, weiblich, und ihr wird der göttliche Name ילוהים גיבו Elohim Gibor, die mächtigen Götter, gegeben.

Trotz der Tatsache, dass Geburah eine weibliche Potenz ist, wie alle Sephiroth in der linken Spalte des Baumes, sind praktisch alle ihre Zuschreibungen männlich und kraftvoll. Es gibt einen alten alchemistischen Aphorismus: „Der Mann ist Frieden und die Frau ist Macht". Dieses Konzept wird im kabbalistischen System bestätigt. Die drei Sephiroth, alle männlich, in der rechten Spalte werden die Säule der Gnade genannt, während die drei weiblichen Sephiroth auf der linken Seite die Säule der Strenge bilden. Die meisten Zuschreibungen, die Chesed, der männlichen Sephira, gegeben werden, sind weiblicher Qualität. Dies ist keine Gedankenverwirrung, sondern die Erkenntnis der Notwendigkeit des Gleichgewichts.

Die Götter von Geburah sind Mars, der selbst im Volksmund als Kriegsgott gilt, und Ares der Griechen, der als jemand dargestellt wird, der sich am Lärm und Gebrüll der Schlacht, am Abschlachten von Menschen und an der Zerstörung von Städten erfreut. Geburah repräsentiert auf einer viel niedrigeren Ebene das Binah zugeschriebene Shakti-Kraftelement. Nephthys, die Herrin der Strenge, das schattenhafte Doppelgänger und die Schwester von Isis, wird dieser Ziffer 5 zugeschrieben, und so würden wir natürlich erwarten, dass sie in dieser Sephira eine ähnliche Qualität wie Binah zeigt, aber als abstrakte spirituelle

Kraft viel weniger rein ist. Thor ist der norwegische Kriegsgott, und den Sagas zufolge spiegelte eine scharlachrote Wolke über seinem Kopf das feurige Funkeln in seinen Augen wider; er war mit Kraft und Rüstung gegürtet und wurde in einem Streitwagen in die Schlacht gezogen.

Die magischen Waffen von Geburah sind das Schwert, der Speer, die Geißel und der Stichel, die alle auf Krieg und Blutvergießen hindeuten. Sein Metall ist Eisen und sein heiliger Baum die Eiche, wobei beide diese Zuschreibungen ganz offensichtlich Stärke implizieren. Tatsächlich wird die Qualität von Geburah in der allgemeinen Idee von Stärke und Macht und Kraft zusammengefasst.

Es wurde vorgeschlagen, dass diese vierten und fünften Sephiroth die expansiven und kontrahierenden, zentripetalen und zentrifugalen Energien zwischen den Polen der Dimensionen darstellen, die unter dem Willen des Logos, Chokmah, wirken.

Tabak und Brennnessel sind Entsprechungen, beide wegen ihrer feurigen und stechenden Natur. Seine Farbe ist rot, offensichtlich kriegerisch; und daher ist der Rubin, der hell scharlachrot ist, harmonisch. Sein heiliges Wesen ist der legendäre Basilisk des starrenden Auges, und die Tarotkarten sind die vier Fünfen. Laut Sepher Yetsirah wird Geburah „Die radikale Intelligenz" genannt.

VI. TIPHARAS

Die Wirkung des vierten und fünften Sephiroth, männlich und weiblich, erzeugt in Versöhnung Tipharas, was Schönheit und Harmonie ist. Das Diagramm zeigt es im Zentrum des gesamten sephirothischen Systems, vergleichbar mit einer Sonne – was tatsächlich seine astrologische Zuordnung ist – mit den Planeten, die sich um sie drehen.

Seine Götter sind Ra, der ägyptische Sonnengott, der manchmal als falkenköpfige Gottheit und manchmal als einfache Sonnenscheibe mit zwei Flügeln dargestellt wird; der Sonnengott der Griechen, Apollo, in dem sich die hellste Seite des griechischen Geistes widerspiegelt. Aus Walter Paters Greek Studies erfahren wir:

„Apollo, die ‚spirituelle Form' der Sonnenstrahlen, wird leicht (das rein physische Element in seiner Konstitution wird fast vollständig unterdrückt) ausschließlich ethisch – die ‚spirituelle Form' des inneren oder intellektuellen Lichts in all seinen Erscheinungsformen. Er repräsentiert all jene speziell europäischen Ideen einer vernünftigen Staatsform; der geistigen Gesundheit von Seele und Körper… Seine Religion ist eine Art verkörperte Gerechtigkeit, deren Ziel die Verwirklichung einer fairen Vernunft und eine gerechte Betrachtung der Wahrheit der Dinge überall ist."

Eine parallele Auffassung findet sich in dem Abschnitt des Sohar mit dem Titel *Idra Zuta*: Tipharas ist „die höchste Manifestation des ethischen Lebens, die Summe aller Güte; kurz gesagt, das Ideal".

Hari, die hinduistische Zuschreibung, ist ein anderer Name für Shri Krishna, den göttlichen Avatara, der hier zugeschrieben wird, weil er als göttliche Inkarnation – in der Geist und Materie in vollkommenem Gleichgewicht waren – die wesentliche Idee ausdrückte, die in Tipharas enthalten ist. Adonis, Iacchus, Rama und Asar sind weitere Entsprechungen für 6, entweder aufgrund ihrer inhärenten Schönheit oder weil sie auf die eine oder andere Weise die Sonnenscheibe darstellen, der die gesamte mystische Psychologie, ob alt oder modern, einstimmig das spirituelle Bewusstsein zuschreibt.

Der Sepher haSohar bezeichnet das Hexagramm der Sephiroth, das sich um Tipharas gruppiert, als Microprosopus oder Kleinere Gestalt. Dionysius ist ein weiterer Gott in der Kategorie 6, wegen seiner Jugend und anmutigen Gestalt, die weibliche Sanftheit und Schönheit vereint, oder wegen seines Weinanbaus, der, zeremoniell in den eleusinischen Mysterien verwendet, eine spirituelle Berauschung hervorrief, die dem mystischen Zustand ähnlich ist. Es kann auch daran liegen, dass Dionysius sich angeblich in einen Löwen verwandelt hat, das heilige Tier von Tipharas, da er der König der wilden Tiere ist, und Königswürde immer in der Form des Löwen dargestellt wurde. Astrologische Gründe können diese Parallelität erklären, denn ☉ Sol ist im Tierkreiszeichen des ♌ Löwen erhöht, der als kreatives Symbol für die wilde Miene der Mittsommersonne galt.

Bacchus, ein anderer Name für Dionysius zu Anbetungszwecken, ist der Gott der Berauschung, der Inspiration, ein Geber übermenschlichen oder ewigen Lebens. In seinen Anmerkungen zum Bacchus des Euripides schreibt Prof. Gilbert Murray in Bezug auf den Orphismus:

„Alle wahren Anbeter werden in einem mystischen Sinn eins mit Gott; sie werden wiedergeboren und sind ‚Bacchoi‘. Da Dionysius der innere Gott ist, ist die vollkommen reine Seele ganz von Gott besessen und wird zu nichts anderem als Gott."

Die skandinavische Entsprechung ist aller Wahrscheinlichkeit nach der Gott Balder, der Liebling der gesamten Natur, der Sohn von Odin und Frigg. Anderson schreibt, dass man von ihm wahrhaftig sagen kann, dass er der beste Gott ist, und die ganze Menschheit lobt ihn lautstark.

Neben dem Löwen ist das heilige Tier von Tipharas der sagenhafte Phoenix, der seine Brust aufreißt, damit seine sieben Jungen sich von dem Blutstrom und der Lebenskraft ernähren können, die aus seiner Wunde austreten. Mit dem Pelikan ist eine ähnliche Legende verbunden. Beide legen die Idee eines Erlösers nahe, der sein Leben für andere gibt, und Murray erzählt in seinen oben erwähnten Einführungsnotizen eine interessante Anekdote mit einer sehr ähnlichen Bedeutung:

„Semele, die Tochter von Cadmus, die von Zeus geliebt wurde, bat ihren göttlichen Geliebten, ihr einmal in seiner vollen Pracht zu erscheinen; er kam, ein Blitz wundersamer Art, in dessen Ekstase Semele starb und einen Sohn vorzeitig zur Welt brachte. Um das Leben dieses Kindes zu retten und es sowohl zu einem wahren Gott als auch zu einem Menschen zu machen, riss Zeus sein eigenes Fleisch auf und pflegte das Kind darin, bis zu gegebener Zeit das Kind von Semele durch eine wunderbare und geheimnisvolle zweite Geburt zu vollem Leben als Gott erwachte."

Die Akazie, das freimaurerische Symbol der Auferstehung, und der Weinstock sind die Pflanzen von Tipharas. Sein Duft ist das Harz des Weihrauchs; seine Farbe ist gelb, weil die Sonne – die Quelle sowohl der spirituellen Existenz als auch des physischen Lebens – sein Licht ist.

Die Tarotkarten sind die vier Sechsen, und Tipharas wird der Titel Sohn und der Buchstabe 1 V des Tetragrammatons und die vier Prinzen oder Ritter (Buben) des Tarot gegeben. Der *Sepher Yetsirah* bezeichnet diese sechste Sephira als „Die vermittelnde Intelligenz". Ihre Juwelen sind der Topas und der gelbe Diamant, die aufgrund ihrer Farbe so bezeichnet werden.

VII. NETZACH

Tipharas vervollständigt die Dreifaltigkeit der Sephiroth, die die zweite Triade bilden, die sich wiederum weiter in die Materie hineinprojiziert und auf folgende Weise eine dritte Triade bildet.

Netsach ist die erste Sephira der dritten Triade und bedeutet Sieg. Manchmal wird sie Ewigkeit und Triumph genannt. Es ist die siebte Potenz, und ihr wird logischerweise der Nike (Sieg) zugeschrieben. In seinen *Greek Studies* schrieb Walter Pater:

„Der Sieg wiederum bedeutete ursprünglich, wie uns die mythologische Wissenschaft sagt, nur den großen Sieg des Himmels, den Triumph des Morgens über die Dunkelheit. Aber dieser physische Morgen ihres Ursprungs hat auch seinen Dienst für die spätere ästhetische Bedeutung. Denn wenn Nike in Gesellschaft des sterblichen und ganz fleischlichen Helden erscheint, auf dessen Wagen sie steht, um die Pferde zu lenken, oder den sie mit ihrem Kranz aus Petersilie oder Lorbeer krönt oder dessen Namen sie auf einen Schild schreibt, fantasievoll konzipiert wird, dann deshalb, weil die alten himmlischen Einflüsse in ihren klaren Augen noch nicht ganz unterdrückt sind und der Tau des Morgens noch an ihren Flügeln und ihrem wehenden Haar klebt."

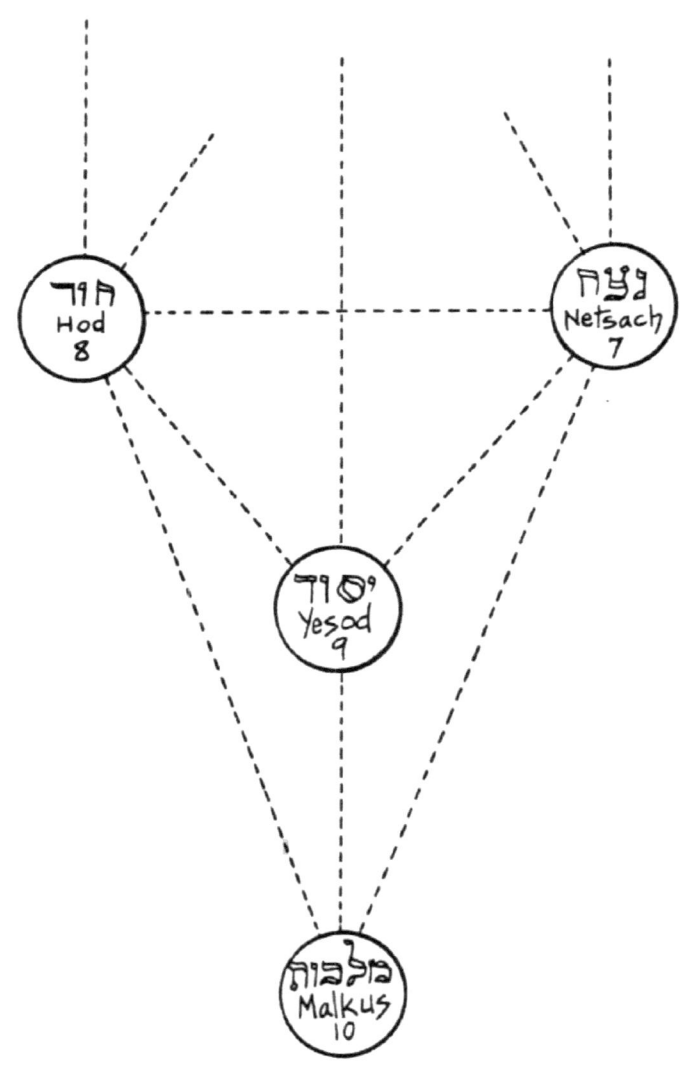

Abbildung 4
DAS UNTERE QUARTÄR

Astrologisch ist ihr Planet Venus~. Daraus sollte folgern, dass die Götter und Eigenschaften von Netzach mit Liebe, Sieg und Ernte in Verbindung stehen. Aphrodite (Venus) ist die Herrin der Liebe und Schönheit, mit der Macht, ihre Schönheit und ihren Charme an andere weiterzugeben. Die ganze Bedeutung dieser Sephira ist Liebe – wenn auch eine Liebe sexueller Natur. Hathor ist das ägyptische Äquivalent und ein kleinerer Aspekt der Mutter Isis. Sie wird als Kuhgöttin dargestellt, die die generativen Kräfte der Natur repräsentiert, und sie war die Beschützerin der Landwirtschaft und der Früchte der Erde. Bhavani ist die Hindugöttin von Netzach.

Die Rose ist die dazugehörige Blume und die rote Sandelholzsorte ist das Parfüm. Es ist allgemein bekannt, dass bei einigen Krankheiten sexuellen Ursprungs Sandelholzöle eingesetzt werden.

Benzoe ist auch ein Parfüm der Venus und seine sinnliche Verführungskraft ist unverkennbar. Der Rose wird zugeschrieben, harmonisch zum Charakter der Aphrodite zu sein.

Der Sepher Yetsirah nennt Netsach „die okkulte Intelligenz"; seine Farbe ist Grün, abgeleitet von der Verbindung des Blaus und Gelbs von Chesed und Tipharas; und seine Tarotkarten sind die vier Siebenen.

VIII. HOD

Gegenüber von Netsach auf dem Lebensbaum liegt Hod, Glanz, die Sphäre des 9. Merkur. Folglich finden wir alle seine Symbole eindeutig von merkurialer Qualität. Um eine Vorstellung von der Bedeutung dieser Sephira zu bekommen, ist es hilfreich, etwas über Hermes, den griechischen Gott, der ihr zugeschrieben wird, zu wissen. Er ist ein Gott der Klugheit und List, der Schlauheit und des Scharfsinns und gilt als Autor einer Vielzahl von Erfindungen wie dem Alphabet, der Mathematik, der Astronomie sowie von Gewichten und Maßeinheiten. Er war auch für Handel und Glück zuständig und der Bote und Herold der Olympier. Laut Vergil beauftragten ihn die Götter, die Seelen der Verstorbenen von der oberen in die untere Welt zu geleiten. In dieser letzteren Eigenschaft ist er dem ägyptischen Anubis mit dem Schakal-Kopf ähnlich, da er der Schutzpatron der Toten war und dargestellt wird, wie er die Seele in das Gericht des Osiris zu Amenti führt. Es wird dem Schüler ziemlich helfen, wenn er sich daran erinnert, dass die Sphäre von Hod auf einer sehr viel niedrigeren Ebene ähnliche Qualitäten darstellt wie jene, die in Chokmah vorhanden sind.

Über Netsach und Hod, den siebten und achten Sephiroth, sagt der Sohar in einem Monolog, dass mit Sieg und Glanz Ausdehnung, Vermehrung und Kraft gemeint sind, weil alle Kräfte, die ins Universum geboren wurden, aus ihrem Schoß hervorgingen.

Der Hindu-Gott ist Hanuman, dargestellt durch einen Affen. Blavatsky beschreibt in The Secret Doctrine ausführlich die interessante Theorie, dass in den Affen die menschlichen Seelen solar-merkurischer Natur gefangen sind, Seelen, die beinahe den Status einer Gottheit haben und Manasaputras genannt werden, „geistgeborene Söhne Brahmas". Dies könnte erklären, warum die Hindu-Götter des Geistes und der Intelligenz durch ein scheinbar so unintelligentes Tier wie den Menschenaffen repräsentiert werden.

Seine Pflanze ist Moly und sein pflanzliches Arzneimittel Anhalonium Lewinii verursacht bei innerer Einnahme Visionen von Farbringen und intellektueller Natur, die die Selbstanalyse fördern. Sein Parfüm ist Storax, sein Edelstein Opal, seine Farbe Orange – abgeleitet vom Rot von Geburah und dem Gelb von Tipharas; sein yetsiratischer Titel ist „Die absolute oder vollkommene Intelligenz". Die Tarot-Zuschreibungen sind die vier Achten.

IX. YESOD

Netzach und Hod ergeben Yesod, das Fundament, und vervollständigen eine Reihe von drei Triaden. Yesod ist die subtile Basis, auf der die physische Welt basiert, und laut Eliphas Levi Zahed und Madame Blavatsky ist es die Astralebene, die in gewissem Sinne passiv ist und die Energien von oben reflektiert, also lunar ist, so wie der Mond das Licht der Sonne reflektiert.

Das Astrallicht ist ein allgegenwärtiges und alles durchdringendes Fluidum oder Medium aus extrem subtiler Materie; eine Substanz in einem sehr dünnen Zustand, elektrisch und magnetisch in der Zusammensetzung, welche das Modell ist, auf dem die physische Welt aufgebaut ist. Es ist das endlose, unveränderliche Auf und Ab der Kräfte der Welt, das letztlich die Stabilität der Welt garantiert und ihr Fundament bildet. Yesod ist dieses stabile Fundament, dieses unveränderliche Auf und Ab der Astralkräfte und die universelle Fortpflanzungskraft in der Natur. „Alles wird zu seiner Grundlage zurückkehren, von der es ausgegangen ist. Alles Mark, alles Saatgut und alle Energie sind an diesem Ort gesammelt. Daher gehen alle vorhandenen Potenziale durch diesen Ort hinaus" (Sohar).

Sein ägyptischer Gott ist Shu, der Gott des Weltraums, der dargestellt wird, wie er Nuit, die Königin des Himmels, vom Körper von Seb, der Erde, emporhebt. Sein hinduistisches Äquivalent ist Ganesha, der Elefantengott, der alle Hindernisse niederreißt und das Universum stützt, während er selbst auf einer Schildkröte steht. Diana war die Göttin des Lichts und stellte in den römischen Tempeln den Mond dar. Die allgemeine Vorstellung von Yesod ist die von Veränderung und Beständigkeit. Einige Autoren haben das Astrallicht, das die Sphäre von Yesod ist, als Anima Mundi, die Seele der Welt, bezeichnet. Der Psychoanalytiker Jung hat ein sehr ähnliches Konzept, das er das kollektive Unbewusste nennt und das sich, wie ich es sehe, in keiner Weise von der kabbalistischen Idee unterscheidet.

Seine Pflanzen sind Alraune und Damiana, deren aphro-
disierende Eigenschaften bekannt sind. Sein Duft ist Jasmin,
ebenfalls ein sexuelles Stimulans; seine Farbe ist Purpur; sein
Sepher-Yetsirah-Titel lautet „Die reine oder klare Intelligenz";
seine Zahl ist 9 und seine Tarot-Entsprechung sind die vier Neu-
nen.

Eine wichtige Überlegung aus praktischer kabbalistischer Sicht ist die Zuordnung des Mondes, der gemäß der okkulten Tradition ein toter, aber gleichzeitig lebender Körper ist,
dessen Partikel voller aktivem und zerstörerischem Leben und
starker magischer Kraft sind.

X. MALKUTH

An das System der drei Triaden angehängt und alle
früheren Zahlen synthetisierend ist Malkuth, das Königreich –
die zehnte Sephira. Malkuth ist die Welt der vier Elemente, der
Materie in ihrer Gesamtheit und aller von unseren fünf Sinnen
wahrnehmbaren Formen, die in einer Kristallisation die früheren
neun Ziffern oder Ideenreihen zusammenfassen.

Seb ist der ägyptische Gott, der Malkuth zugeschrieben
wird, da er mit dem Kopf eines Krokodils dargestellt wird, der
ägyptischen Hieroglyphe für grobe Materie. Psyche, die niedere
Nephthys und die unverheiratete Isis sind weitere zugeschrie-

bene Götter. Die Jungfrau oder die Braut ist ein weiterer sohaischer Titel für Malkuth, der jedoch in einem besonderen Sinn verwendet wird, welcher in Kapitel fünf behandelt wird. Persephone ist die jungfräuliche Erde und ihre Legenden weisen auf die Abenteuer der unerlösten Seele hin; und Ceres ist ebenfalls die jungfräuliche Göttin der Erde. Andere Gottheiten sind Lakshmi und die Sphinx, die alle als Vertreter der Fruchtbarkeit der Erde und aller Geschöpfe gelten.

In Malkuth, dem niedrigsten der Sephiroth, der Sphäre der physischen Welt der Materie, in der der aus dem göttlichen Palast verbannte *Neschamos* inkarniert ist, wohnt die Schechina, die spirituelle Präsenz von Ain Soph als Erbe an die Menschheit und allgegenwärtige Erinnerung an spirituelle Wahrheiten. Deshalb steht dort geschrieben: „Kether ist in Malkuth, und Malkuth ist in Kether, wenn auch auf andere Weise." *Der Sohar* würde implizieren, dass die wahre Schechina, die wahre göttliche Präsenz, Binah zugewiesen ist, von wo sie niemals absteigt, sondern dass die Schechina in Malkuth ein Eidolon oder eine Tochter der Großen Überirdischen Mutter ist. Isaac Myer schlägt vor: „Kabbalisten betrachten sie als die ausführende Energie oder Macht von Binah, dem Heiligen Geist oder der Oberen Mutter."

Der *Sepher Yetsirah* bezeichnet Malkuth als „Die strahlende Intelligenz". Sein Duft ist Diptam aus Kreta, wegen der schweren Wolken dichten Rauchs, die dieser Weihrauch abgibt. Seine Farben sind Citrin, Oliv, Rotbraun und Schwarz, und seine Tarotkarten sind die vier Zehner. Der Sohar gibt ihm das letzte ה Heh des Tetragrammatons, und die Autorität schreibt ihm die vier Prinzessinnenkarten des Tarot zu.

Bevor ich im nächsten Kapitel die zahlreichen Entsprechungen betrachte, die zu den zweiundzwanzig Pfaden auf dem Baum des Lebens gehören, halte ich es für unerlässlich, ein Wort der Warnung in Bezug auf eine mögliche Fehlinterpretation, die einigen der Zuschreibungen, die diesen Sephiroth und Pfaden gegeben wurden, auszusprechen, Beispielsweise gehören Tabak, Mars, der Basilisk und das Schwert zu den Eigenschaften, die zum Mantel von Geburah oder der fünften Sephira gehören. Doch muss sich hier der Leser davor hüten, den fast unverzeihlichen Fehler zu begehen, die logischen Prämissen zu verwechseln. Da es sich bei all diesen um Entsprechungen der Zahl 5 handelt, ist Tabak ein Schwert und der Gott Mars ein Äquivalent des Basilisken. Dies ist eine echte Gefahr und ein enormer Fehler mit schwerwiegenden Folgen. Zu Beginn der hier vorgestellten vergleichenden Studie sollte die grundlegende Bedeutung dieser Klassifizierungsmethode der aus vergleichenden Religionen und Philosophie ausgewählten Entsprechungen gründlich verstanden werden. In diesem Fall besitzen alle vier oben genannten Dinge eine bestimmte Qualität oder Reihe von Attributen ähnlicher Natur, wodurch sie mit dem Mantel, dem sie zugeschrieben wurden, in Einklang stehen. Es besteht eine zugrundeliegende Verbindung, die sie mit der Zahl 5 in Verbindung bringt. Diese Idee muss durchgehend im Gedächtnis behalten werden, wenn aus der Kabbala Nutzen gezogen und alle Verwirrung von Anfang an beseitigt werden soll.

Number	Hebrew Letter	English	Pronunciation	Meaning	Joining Sephiros	Numerical Value	Path on Tree	Astrological Symbol	Tarot Trump
1	א	A	Aleph	Ox	Keser to Chokmah	1	11	☿	0. The Fool
2	ב	B, V	Bes	House	Keser to Binah	2	12	☽	I. Magician
3	ג	G, J	Gimel	Camel	Keser to Tipharas	3	13	♀	II. High Priestess
4	ד	D, Th	Dallas	Door	Chokmah to Binah	4	14	♈	III. Empress
5	ה	H	Héh	Window	Chokmah to Tipharas	5	15	♉	IV. Emperor
6	ו	V, U, O	Vav	Nail	Chokmah to Chesed	6	16	♊	V. Hierophant
7	ז	Z	Zayin	Sword	Binah to Tipharas	7	17	♋	VI. The Lovers
8	ח	Ch	Ches	Fence	Binah to Geburah	8	18	♌	VII. Chariot
9	ט	T	Tes	Serpent	Chesed to Geburah	9	19	♍	VIII. Strength
10	י	Y	Yod	Hand	Chesed to Tipharas	10	20	♎	IX. Hermit
11	כ	K, Ch	Caph	Spoon	Chesed to Netsach	20	21	♃	X. Wheel of Fortune
12	ל	L	Lamed	Whip	Geburah to Tipharas	30	22	♎	XI. Justice
13	מ	M	Mem	Water	Geburah to Hod	40	23	▽	XII. Hanged Man
14	נ	N	Nun	Fish	Tipharas to Netsach	50	24	♏	XIII. Death
15	ס	S	Samech	Prop	Tipharas to Yesod	60	25	♐	XIV. Temperance
16	ע	O (Nasal)	Ayin	Eye	Tipharas to Hod	70	26	♑	XV. The Devil
17	פ	P, F	Pe	Mouth	Netsach to Hod	80	27	♂	XVI. The Tower
18	צ	Ts	Tsaddi	Fish Hook	Netsach to Yesod	90	28	♒	XVII. The Star
19	ק	Q	Qoph	Back of Head	Netsach to Malkus	100	29	♓	XVIII. Moon
20	ר	R	Resh	Head	Hod to Yesod	200	30	☉	XIX. Sun
21	ש	Sh, S	Shin	Tooth	Hod to Malkus	300	31	△	XX. Judgment
22	ת	T, S	Tav	Tau Cross	Yesod to Malkus	400	32	♄	XXI. World

KAPITEL VIER

DIE PFADE

EINE der zahlreichen Schwierigkeiten, die bei der Vorstellung eines neuen Schemas oder einer neuen Interpretation der Philosophie auftreten, ist das weit verbreitete Vorurteil gegenüber einer neuen Terminologie. Es ist denkbar, dass Einwände gegen das hebräische Alphabet und die in der Kabbala verwendeten Begriffe von Leuten erhoben werden, die die Tatsache übersehen, dass man sich beispielsweise beim Studium der Astronomie, Physik oder Chemie eine völlig neue Nomenklatur aneignen muss. Sogar im Handel wird ein ganzes System von Wörtern und Begriffen verwendet, die ohne Kenntnisse der kommerziellen Methoden und Verfahren bedeutungslos sind. Die in der Kabbala verwendete Terminologie wird aus mehreren Gründen ebenso verwendet.

Im Hebräischen gibt es keine Ziffern (die von den Mauren stammen), sondern jeder Buchstabe des Alphabets wird für eine Zahl verwendet. Diese Tatsache bildet die Grundlage, auf der die Kabbala von den üblichen Vorstellungen von Zahlen und Buchstaben abweicht. Jeder hebräische Buchstabe hat einen Mehrfachwert. *Erstens* hat er seine individuelle Position im Alphabet; *zweitens* hat es einen numerischen Wert; *drittens* wird er einem der zweiunddreißig Pfade auf dem Lebensbaum zugeschrieben; *viertens* wird er einer Tarotkarte zugeschrieben; und *fünftens* hat er eine eindeutige symbolische oder allegorische Bedeutung, wenn er vollständig ausgeschrieben wird.

Blavatsky schreibt: „Jede Kosmogonie von der frühesten bis zur jüngsten basiert auf Zahlen und geometrischen Figuren, ist mit ihnen verknüpft und steht in engster Beziehung zu ihnen... Daher finden wir in jeder archaischen Schrift Zahlen und Figuren als Ausdruck und als Aufzeichnung von Gedanken." Ginsburg, der sich auf das hebräische Alphabet bezieht, erklärt: „Da die Buchstaben weder einen absoluten Wert haben – noch als bloße Formen verwendet werden können, sondern als Medium zwischen Wesen und Formen dienen und wie Wörter die Beziehung der Form zum wahren Wesen und des Wesens zum Embryo und unausgesprochenen Gedanken annehmen – wird diesen Buchstaben und den Kombinationen und Analogien, zu denen sie fähig sind, großer Wert beigemessen."

Die Trumpfkarten des Tarots stellen einen vollständigen Symbolsatz dar, aber die große Schwierigkeit, die bisher bei ihrer Zuordnung zu den 22 Buchstaben des hebräischen Alphabets aufgetreten ist, besteht darin, dass diese Trumpfkarten von I bis XXI nummeriert sind und von einer weiteren Karte mit der Markierung 0 begleitet werden, die schon immer ein Hindernis war, da sie von verschiedenen Leuten verschiedenen Buchstaben des Alphabets zugeordnet wurde, offenbar je nach Laune des jeweiligen Augenblicks. Es sollte ziemlich offensichtlich sein, dass der einzige logische Platz für diese Nullkarte vor I liegt, und wenn sie so platziert werden, nehmen die Karten eine bestimmte sequenzielle Bedeutung an, die die Buchstaben tiefgehend erklärt.

Es ist wichtig, an dieser Stelle eine Bemerkung zur Natur der Symbole zu machen, die das Tarot enthüllt und von *Sohar* und *Sepher Yetsirah* verwendet werden. Die Symbolik, die so oft eindeutig und entschieden phallisch ist, wird lediglich verwendet, um kosmische und metaphysische Vorstellungen und Prozesse für den menschlichen Geist leichter verständlich zu machen. Blavatsky war wiederholt durch die Verwendung sexueller Symbolik beleidigt und griff deshalb die Ausdrucksformen der Kabbala in hitzigen Beschimpfungen an. Ihre Empörung war völlig unnötig, denn in der Kabbala wurde nie eine laszive Interpretationsmethode verwendet. Ich kann nicht zufriedenstellend erklären, warum sie die Kabbala nicht mochte. Die einzige Erklärung, die auch nur annähernd möglich erscheint, ist, dass sie aus einer Adelsfamilie in Russland stammte, wo zu ihrer Zeit der Antisemitismus weit verbreitet war, und alles, was nach jüdischem Beigeschmack roch, für sie durch und durch verwerflich war. Ihre wiederholten Angriffe auf die Anhänger des Soharismus sowie ihre tatsächliche Unkenntnis der Bücher der Kabbala – bestätigt durch die Tatsache, dass sie hauptsächlich aus Levi (der nur wenig darüber wusste) und Knorr von Rosenroth zitiert, die beide römisch-katholisch waren – lassen sich vielleicht auf diese Weise erklären.

Phallische Symbolik wurde sehr häufig verwendet, weil man der Auffassung war, dass der Schöpfungsprozess im Makrokosmos in ausgeprägtem Maße parallel zu dem in der kleinen Welt des Menschen verläuft. Nicholas Roerichs ausgezeichnetes Reisebuch mit dem Titel Altai-Himalaya gibt eine gute Würdigung dieser Sichtweise:

"Beobachten Sie, wie bemerkenswert die physiologischen Vergleiche sind, die die Hindus zwischen kosmischen Erscheinungen und dem menschlichen Organismus gezogen haben. Die Gebärmutter, der Nabel, der Phallus und der Kopf, all diese sind seit langem in das feine Entwicklungssystem der universellen Zelle aufgenommen worden."

Und wenn wir schon beim Thema Phallizismus sind, müssen wir auf C. J. Jungs Psychologie des Unbewussten verweisen, wonach der Begriff Sexualität grob missverstanden wird. Unter letzterem versteht Freud "Liebe" und schließt darin all jene zärtlichen Gefühle und Emotionen ein, die ihren Ursprung in einer primitiven erotischen Quelle hatten, auch wenn ihr primäres Ziel jetzt völlig verloren gegangen ist und durch ein anderes ersetzt wurde. Und man muss auch bedenken, dass die Psychoanalytiker selbst die psychische Seite der Sexualität und ihre Bedeutung neben ihrem somatischen Ausdruck streng betonen.

Im Sepher Yetsirah heißt es:

"Zweiundzwanzig Grundbuchstaben. Er zeichnete sie, häutete sie, wog sie, tauschte sie aus und formte mit ihrer Hilfe die gesamte Schöpfung und alles, was später erschaffen werden sollte."

Dieses Zitat ist fundamental für die Zahlenphilosophie der Kabbala und weist darauf hin, dass die Existenz dieser Buchstaben und der Abdruck, den sie in jedem Partikel der Schöpfung hinterlassen, die Harmonie des Kosmos ausmachen. Die idealistische Position, dass *Gedanken Dinge sind*, ist analog, und im *Sepher Yetsirah* werden die zweiundzwanzig Buchstaben oder Ideensätze als die zugrundeliegenden Formen und Essenzen betrachtet, aus denen das gesamte manifestierte Universum in all seiner Vielfalt besteht.

Der Baum des Lebens besteht aus den zweiunddreißig Pfaden der Weisheit, von denen die zehn Sephiroth als die Hauptpfade oder -zweige gelten, deren Entsprechungen bei weitem die wichtigsten sind, und die zweiundzwanzig Buchstaben als kleinere Pfade die Sephiroth verbinden und mit den verschiedenen Zahlen verbundenen Konzepte harmonisieren und ausgleichen. Beim Umgang mit diesen verbleibenden zweiundzwanzig Pfade wird dasselbe Verfahren wie bei den Sephiroth angewendet, wobei jedes Element durchgegangen wird, mehrere Entsprechungen angegeben werden und besondere Aufmerksamkeit auf die Form und Bedeutung der Buchstaben sowie auf relevante Informationen zu ihrer Aussprache gerichtet wird, die anscheinend noch nie zuvor systematisch in Abhandlungen über die Zahlenphilosophie der Kabbala dargestellt wurden.

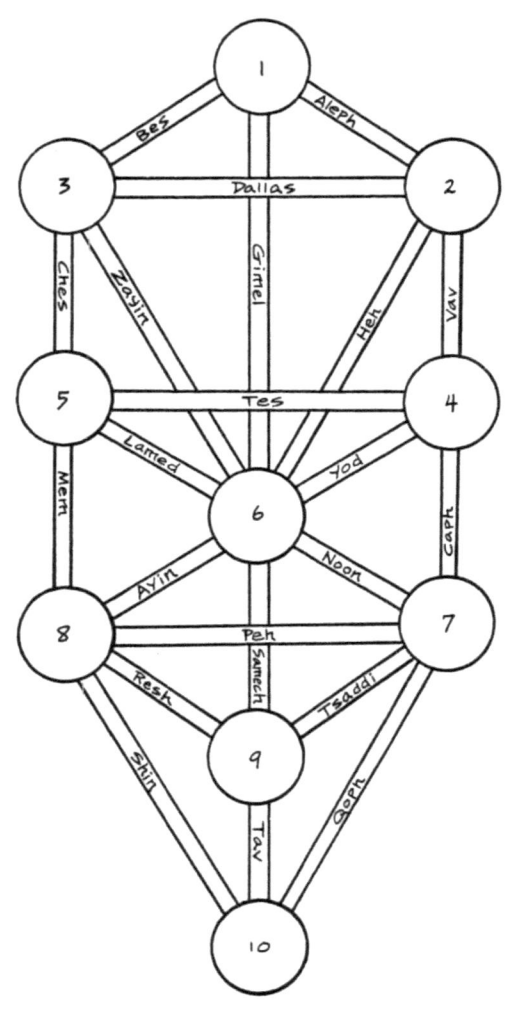

Abbildung 5
DIE PFADE

א-A

(Alef)

Erster Buchstabe des hebräischen Alphabets.

Pfad Nr. Elf auf dem Lebensbaum, der Kether mit Chokmah verbindet.

Zahlenwert: 1.

Einige behaupten, eine zufriedenstellende Erklärung für den Ursprung dieses Buchstabens zu finden, dass er ein Ochsenjoch oder den Kopf eines Ochsen darstellt, wobei die Hörner den oberen Teil des Buchstabens bilden. Dies ist sehr bedeutsam, denn wenn der Buchstabe als Alef ausgesprochen und ausgeschrieben wird, bedeutet אלפ ALPh Ochse oder Stier, ein bewundernswertes Symbol für die generative Kraft der Natur. Aleph wird das Hakenkreuz 卐 zugeschrieben, das fast die Form eines א hat, oder der Donnerkeil von Thor – ein ausgezeichnetes Symbol, um das Konzept der urzeitlichen Bewegung des Großen Atems auszudrücken, der das Chaos in ein kreatives Zentrum wirbelt.

Alef hat Anteil an der Natur von Kether und wird „Die funkelnde Intelligenz" genannt. Hoor-paar-Kraat, der ägyptische Herr der Stille, der dargestellt wird, wie er seinen Finger an die Lippen hält, wird hier zugeschrieben; ebenso wie Zeus und Jupiter, mit besonderem Bezug auf den Aspekt dieser beiden Götter als elementare Teile der Natur. Die hinduistische Zuschreibung ist die Maruts (Vayu), die sich auf den luftigen Aspekt von

Aleph beziehen, ebenso wie die Walküren des skandinavischen Pantheons.

Das zu Alef passende Tier ist der Adler, der König der Vögel, da wir aus der klassischen Mythologie erfahren, dass der Adler Jupiter heilig war; dessen Opfertiere, möchte ich hinzufügen, üblicherweise aus Stieren und Kühen bestanden. Sein Element ist die Luft, die ziellos hin und her eilt und immer nach unten drängt oder tendiert.

Sein Tarot-Trumpf ist O – der Narr, was genau diese luftige Ziellosigkeit der Existenz impliziert. Die Karte zeigt eine Person, die wie ein Narr gekleidet ist und über seiner Schulter einen Stock trägt, an dem ein Bündel hängt. Vor ihm gähnt ein klaffender Abgrund, während ein kleiner Hund von hinten zu seinen Füßen kläfft. Auf seiner Tunika ist das Muster ✿ zu sehen, was den Geist (spirit) symbolisiert. Spiritus ist das lateinische Wort, das Luft oder Atem bedeutet.

Der Fächer als magische Waffe wird Alef zugeschrieben und hat einen offensichtlichen Bezug zu Luft. Seine Farbe ist Himmelblau, seine Edelsteine sind Topas und Chalcedon und sein Parfüm ist Galbanum.

ב-B

(Bet)

Zweiter Buchstabe des Alphabets.

Pfad Nr. Zwölf auf dem Baum, der Kether mit Binah verbindet.

Zahlenwert 2.

„B" ist ein Laut innerer Aktivität, der sich in einem von Lippen und Mund umschlossenen Raum entwickelt – daher ein symbolisches Haus. Seine Aussprache ist Bet, was mit „Haus" übersetzt wird.

Der *Sepher Yetsirah* besagt, dass der Buchstabe B in der Weisheit herrscht. Weisheit ist natürlich der Gott Hermes, und seine planetarische Zuordnung ergibt sich daraus: ☿, Merkur. Thoth und sein Cynocephalus sowie Hanuman sind als Entsprechungen enthalten. Dieser Pfad, der als „Die transparente Intelligenz" bezeichnet wird, hat sowohl Anteil an der Natur von Chokmah als auch von Hod, die beide merkurisch sind. Die alchemistische Vorstellung des universellen Merkur war die eines fließenden, sich verändernden und instabilen Prinzips, das sich

ständig verändert. Dies könnte erklären, warum der Pavian oder Affe immer Thoths Gefolgschaft ist, denn der Affe ist ruhelos, immer in Bewegung und nie still und verkörpert den menschlichen Ruach, der beruhigt werden muss. Der norwegische Odin, der unendliche Wanderer, könnte genau aus diesem Grund hier genannt werden. Er ist der Geist des Lebens, der den Legenden zufolge die Welt nicht selbst erschafft, sondern nur plant und arrangiert. Alles Wissen geht von ihm aus, und er ist auch der Erfinder der Poesie und der nordischen Runen.

Seine magische Waffe ist der Caduceus-Zauberstab, der besonderen Bezug zu dem Phänomen der Kundalini hat, das im Verlauf von Yoga-Übungen, insbesondere Dharana und Pranayama, entsteht.

Seine Tarotkarte ist *I – Der Magier*, der neben einem Tisch steht, auf dem verschiedene magische Geräte liegen, sein Schwert, Kelch, Pentakel und Zepter, während er in seiner rechten Hand einen erhobenen Zauberstab hält. Mit der linken Hand zeigt er auf den Boden und bestätigt damit die magische Formel, dass „das, was oben ist, dem gleicht, was unten ist". Über seinem Kopf befindet sich wie eine Aureole oder ein Nimbus ∞, das mathematische Zeichen für Unendlichkeit. Da Merkur und Thoth die Götter der Weisheit und Magie sind, ist es klar, dass diese Karte eine harmonische Zuordnung darstellt. Mastix, Muskatblüte und Storax sind die Düfte dieses zwölften Pfades; der Achat ist sein Juwel; Eisenkraut seine heilige Pflanze. Der Ibis ist sein heiliger Vogel, bei dem vor Jahrhunderten die seltsame Angewohnheit beobachtet wurde, lange Zeit auf einem Bein zu stehen, was der blühenden Vorstellungskraft der Alten die Versunkenheit in tiefe Meditation nahelegte. In der Yogapraxis gibt es eine Haltung namens Ibis, bei der der Praktizierende auf einem Bein balanciert. Die Rituale sprechen Thoth außerdem als „Oh du mit dem Ibiskopf" an.

Ich muss jetzt auf einen wichtigen Punkt der hebräischen Grammatik eingehen. Die Laute bestimmter Buchstaben des hebräischen Alphabets ändern sich, wenn ein Punkt, *Dôgish* genannt, in diese Buchstaben gesetzt wird. Der Buchstabe B wird zu V, wenn der Punkt in der Mitte weggelassen wird, also כ. Es ist unbedingt erforderlich, sich an dieses kleine Detail zu erinnern, da es in späteren Forschungsarbeiten große Bedeutung erlangt, da der Autor die Erfahrung gemacht hat, dass die Forschungen eines gewissen hochgelehrten Kabbalisten auf höchst außergewöhnliche Weise dadurch behindert wurden, dass diese und ähnliche Tatsachen in seiner grundlegenden kabbalistischen Ausbildung ausgelassen wurden.

א-G

(Gimmel)

Dritter Buchstabe des Alphabeths.
Pfad Nr. Dreizehn auf dem Baum, der Kether mit Tipharas verbindet.
Zahlenwert: 3.

Unter Bezugnahme auf die Karte wird festgestellt, dass dieser Pfad den ersten mit dem sechsten Sephiroth verbindet und den Abyss überquert, der in der kabbalistischen Symbolik als kahle Sandwüste verstanden wird, in der die Gedanken und empirischen Egos der Menschen sterben, „bei der Geburt erwürgte Babys", wie es heißt.

Nun ist ג Gimmel der Buchstabe, der diesem Pfad gegeben wurde, und wenn er als גמל Gimmel ausgesprochen wird, bedeutet er ein Kamel. Das Kamel ist das herkömmliche ‚Wüstenschiff'. Der Titel dieses Pfades ist ‚Die vereinende Intelligenz', und seine yetsiratische Zuordnung ist der Mond ,כ. Seine Tarotkarte ist *II. – Die Hohepriesterin des Silbersterns*, die eine thronende Frau darstellt, gekrönt mit einer Tiara, der Sonne über ihrem Kopf, einer Stola auf ihrer Brust und dem Zeichen des Mondes zu ihren Füßen. Sie sitzt zwischen zwei Säulen, einer weißen (männlichen) und einer schwarzen (weiblichen), vergleichbar mit den rechten und linken Säulen des Baums des Lebens und den freimaurerischen Yachin und Boaz. In ihrer Hand ist die Schriftrolle des Gesetzes. Sie ist zum einen die Schechina und in einem anderen System unsere Herrin Babalon.

Im alten Rosenkreuzer-Gradsystem bildet die Supernale Triade das Innere Kollegium der Meister und wird Orden des Silbernen Sterns genannt. Da der Pfad von Gimmel oder des Mondes die Supernale Triade mit Tipharas verbindet und als Zugangsweg zum Inneren Kollegium dient, ist festzustellen, dass die Tarotsymbole einheitlich sind. Dennoch haben einige Schüler diese Karte Bes zugeschrieben.

Artemis, Hekate, Chomse und Chandra sind die Gottheiten, die ihr zugeschrieben werden und alle sind Mondgöttinnen. Ihre Farbe ist Silber, die glitzernde Farbe des Mondes; Kampfer und Aloe sind ihre Düfte; Mondstein und Perle sind ihre Juwelen. Der Hund ist dem Gimmel heilig, wahrscheinlich, weil die Jägerin Artemis immer Hunde bei sich hatte. Aus demselben Grund sind Pfeil und Bogen ihr symbolisches magisches Instrument.

Wenn das Dôgish weggelassen wird, hat das Gimmel einen weichen Klang, ähnlich dem englischen J.

‎ד-D

(Dalet)

Vierter Buchstabe des Alphabets.
Pfad Nr. Vierzehn, verbindet Chokmah mit Dinah.
Zahlenwert 4.

Da dieser Pfad im Bereich des Überirdischen den Vater mit der Mutter verbindet, würden wir logischerweise Entsprechungen erwarten, die die Anziehung des Positiven zum Negativen und die Liebe des Männlichen zum Weiblichen ausdrücken, wodurch das ursprüngliche Yod und das Heh sich vereinen. Seine astrologische Zuordnung ist ♀, Venus, die Herrin der Liebe. Die Aussprache dieses Buchstabens als Dalet bedeutet „Tür", was sogar in der freudianischen Symbolik die Bedeutung der Gebärmutter besitzt.

Die Farben sind Grün und Smaragdgrün. Die Edelsteine sind Smaragd und Türkis; die Blumen Myrte und Rose; die Vögel sind Spatz und Taube. Das magische Zubehör ist der Gürtel, da der Legende zufolge jeder, der Aphrodites Gürtel trug, zum Objekt universeller Liebe und Begierde wurde.

Der Titel dieses vierzehnten Pfades lautet „Die leuchtende Intelligenz", und seine Götter sind Aphrodite, Lalita – der sexuelle Aspekt von Shakti, der Frau von Shiva – und die süße, bescheidene Hathor, die eine Kuhgöttin ist.

Um die Bedeutung der Idee eines Gottes noch einmal zu veranschaulichen, zitiere ich eine treffende Bemerkung aus den Anmerkungen zum Hippolytus des Euripides von Gilbert Murray, die man im Gedächtnis behalten und überall anwenden sollte:

„Die eigentliche Überzeugung der „Aphrodite des Euripides", wenn man es wagen darf, bei einem solchen Thema dogmatisch zu sein, war mit ziemlicher Sicherheit nicht das, was wir eine Göttin nennen würden, sondern eher eine Naturkraft oder ein Geist, der in der Welt wirkt." Um ihre Existenz zu leugnen, müsste man nicht nur sagen: „So eine Person gibt es nicht", sondern: „So etwas gibt es nicht"; und eine solche Leugnung wäre eine Missachtung offenkundiger Tatsachen."

Die Liebesgöttin in den nordischen Mythen war Freyja, die Tochter von Njord, einer jupiterischen Schutzgottheit.

Die Tarotkarte ist III. – Die Herrscherin, die in ihrer rechten Hand ein Zepter trägt, eine Kugel über einem Kreuz, das astrologische Zeichen der Venus ♀. Ihr Gewand wiederholt dieses Symbol, und auf der Seite ihres Throns befindet sich ein herzförmiger Schild, der ebenfalls das Zeichen der Venus trägt. Ihr gegenüber befindet sich ein Kornfeld, was die Tatsache unterstreicht, dass sie nicht nur eine Göttin der Liebe, sondern auch der Landwirtschaft ist. Sie trägt eine grüne Girlande auf dem Kopf und eine Perlenkette.

Für eine kurze Erklärung, wie Landwirtschaft mit der Göttin der Liebe in Verbindung gebracht werden könnte, muss ich meine Leser auf *„Die Probleme der Mystik"* von Dr. Silberer verweisen, in dem wertvolles Material zu finden sein wird. Gleichzeitig möchte ich mich nicht so verstanden wissen, als würde ich die Gesamtheit von Silberers Schlussfolgerungen unterstützen. Wie ich bereits angedeutet habe, kann *„Probleme der Mystik"* dem aufmerksamen Leser andeuten, wie die Verbindung zustande gekommen sein könnte.

Dalet ist ein „Doppelbuchstabe" und wird daher mit einem dicken th ausgesprochen, wie in „the" und „lather", wenn es mit einem „dôgish" ausgesprochen wird.

ה-H

(Héj)

Fünfter Buchstabe des Alphabets.

Pfad Nr. Fünfzehn, der Chokmah mit Tipharas verbindet.

Zahlenwert: 5.

Seine Aussprache ist Héj, was Fenster bedeutet. Sein yetsiratischer Titel ist „Die konstituierende Intelligenz" und seine astrologische Zuordnung ist ♈ Aries, das Zeichen des Widders, das von ♂ Mars beherrscht wird und in dem die ☉ Sonne erhöht ist. Seine Zuordnungen sind daher feurig und kriegerisch.

Seine Götter sind Athene, insofern sie den Staat vor seinen Feinden beschützte, und Shiva und Mars. Minerva ist ebenfalls eine Zuordnung, da man annahm, sie habe die die Männer im Krieg angeleitet, wo der Sieg durch Klugheit, Mut und Ausdauer errungen werden musste. Der ägyptische Mentu ist ebenfalls ein Kriegsgott und wird mit dem Kopf eines Falken dargestellt. Der skandinavische Tyr ist eine Zuschreibung zu diesem Pfad, denn er ist der kühnste und unerschrockenste der Götter, und er ist es, der in den Kriegen Tapferkeit, Mut und Ehre verleiht.

Der Speer ist die passende Waffe; die Blume Geranie und der Edelstein Rubin wegen seiner Farbe.

Die Tarotkarte ist IV. – betitelt „Der Herrscher", der ein rotes Gewand trägt und auf einem Thron sitzt (in seinen Krone befinden sich Rubine), seine Beine bilden ein Kreuz. Seine Arme und sein Kopf bilden ein Dreieck. Wir haben daher 🜍, das alchemistische Symbol für Schwefel, ein feuriges energetisches Prinzip, das hinduistische Gunam von Rajas, die Qualität von Energie und Willen. Auf den Armlehnen seines Throns sind zwei Widderköpfe eingraviert, was zeigt, dass diese Zuschreibung harmonisch ist.

ו-V

(Waw)

Sechster Buchstabe des Alphabets.
Pfad Nr. 16 auf dem Baum, der Chokmah mit Chesed verbindet.
Zahlenwert: 6.

Waw ist seine Aussprache und bedeutet „Nagel". Es wird als Symbol für den Phallus verwendet. Diese Verwendung wird durch das Tierkreiszeichen ♉ Der Stier bestätigt, das, wie bereits ausgeführt wurde, ein Symbol der universellen Fortpflanzungskraft ist. Der Phallus ist in der Mystik der Kabbala ein kreatives Symbol einer kreativen Realität, des magischen Willens. Als Hilfe zum Verständnis dieser Idee zitiere ich eine Definition aus Jungs *Psychologie des Unbewussten*:

.Der Phallus ist ein Wesen, das sich ohne Gliedmaßen bewegt, das ohne Augen sieht, das die Zukunft kennt; und als symbolischer Vertreter der universellen, überall vorhandenen schöpferischen Kraft wird in ihm die Unsterblichkeit bestätigt... Er ist ein Seher, ein Künstler und ein Wundertäter."

Diese Definition ist besonders auf die Chiah zutreffend, deren irdisches Symbol und Vehikel der Lingam ist.

Die Zuschreibungen folgen der astrologischen sehr genau, denn wir finden hier den ägyptischen Asar Ameshet Apis, den Kampfstier von Memphis, der seine Feinde niedertrampelte.

Die orphischen Gemeinden teilten bei einigen ihrer heiligsten geheimen Versammlungen feierlich das Blut eines Stiers, der laut Murray, durch ein Mysterium das Blut von Dionysius-Zagreus selbst war, dem „Stier Gottes" und zur Reinigung des Menschen geopfert wurde. Und die Mänaden der Poesie und Mythologie müssen, neben schöneren Beweisen ihres übermenschlichen Charakters, immer Stiere in Stücke reißen und den Geschmack des Blutes kosten. Der Leser wird sich auch an das schöne Versprechen von Lord Dunsanys interessantester Geschichte erinnern, *The Blessing of Pan*.

In Indien sehen wir den heiligen Stier, der als Symbol für Shiva in seinem kreativen Aspekt verehrt wird; auch in ihren Tempeln wird er durch einen aufrechten Lingam dargestellt.

Hera, die Göttin der Ehe und Hymen, der Gott, der den Hochzeitsschleier trägt, sind ebenfalls Entsprechungen.

V.-Der Hohepriester ist die Tarot-Zuschreibung. Er wird dargestellt, wie er seine rechte Hand zum Zeichen des Segens über die Köpfe zweier Priester erhebt, und in seiner linken Hand hält er einen Stab oder Priesterstab, der von einem dreifachen Kreuz gekrönt wird. Zu seinen Füßen liegen zwei Schlüssel, der des Lebens und der des Todes, die die Geheimnisse der Existenz lösen.

Waw ist auch der „Sohn" des Tetragrammatons - Bacchus oder Christus im Olymp (Himmel), der die Welt rettet. Es stellt auch Parsival als Priester-König in Montsalvat dar, der das Wunder der Erlösung feiert. Der Name Bacchus leitet sich von einer griechischen Wurzel ab, die „Stab" bedeutet. Zusammen mit seinen vielen Namen Bromios, Zagreus und Sabazios hat er viele Formen, insbesondere – wie Prof. Gilbert Murray sagt – erscheint er als Stier und Schlange. Viele der Entsprechungen von Tipharas, der sechsten Sephira, haben eine enge Verbindung zu diesem sechzehnten Pfad. Adonis, Tammuz, Mithras und Attis sind weitere Zuordnungen.

Storax ist sein Parfüm, Malve die Pflanze und Topas sein Edelstein. Indigo ist die Farbe dieses Pfades.

Ganz abhängig davon, wo das Dôgish platziert ist, kann dieser Buchstabe entweder U ו, oder O ו, oder V ר sein.

‏ז‎-Z

(Sajin.)

Siebter Buchstabe des Alphabets.

Pfad Nr. Siebzehn, der Binah und Tipharas verbindet.

Zahlenwert: 7.

Sajin bedeutet Schwert, und wenn man sich die Form des Buchstabens näher ansieht, könnte man sich vorstellen, dass der obere Teil des Buchstabens der Griff und der untere Teil die Klinge ist.

In der Astrologie ist es das Zeichen von ♊ Gemini, den Zwillingen. Alle Zwillingsgötter werden daher diesem Pfad zugeschrieben. Rekht und Merti der Hindus und Castor und Pollux der Griechen. Apollo ist ebenfalls eine Entsprechung, aber nur in seinem Aspekt als Wahrsager, der die Macht hat, sowohl Göttern als auch Menschen die Gabe der Prophezeiung zu vermitteln. Nietzsche sagt in seiner *Geburt der Tragödie* von Apollo, dass er nicht nur ein Gott aller formenden Energien ist, sondern auch der wahrsagende Gott.

„Er, der (wie die Etymologie des Namens andeutet) der ‚Leuchtende‘, die Gottheit des Lichts ist, herrscht auch über das schöne Erscheinungsbild der inneren Welt der Fantasien. Die höhere Wahrheit, die Vollkommenheit dieser Zustände im Gegensatz zur nur teilweise verständlichen Alltagswelt, ja, das tiefe Bewusstsein der Natur, das im Schlaf und im Traum heilt und hilft, ist zugleich das symbolische Analogon der Fähigkeit zur Wahrsagerei und allgemein aller Künste, durch die das Leben möglich und lebenswert gemacht wird."

Janus ist eine Zuschreibung, da er mit zwei Gesichtern dargestellt wird, die jeweils in eine andere Richtung blicken. Hoo-paar-Kraat ist ebenfalls eine Zuschreibung, hauptsächlich, weil er die beiden Zwillingsgötter Horus, den Herrn der Stärke, und Harpokrates, den Herrn der Stille, in einer göttlichen Persönlichkeit zusammenfasst.

Sajin wird im Sepher Yetsirah als „Die ordnende Intelligenz" bezeichnet. Alle Hybriden werden hier zugeschrieben; sein Vogel ist die Elster und seine Edelsteine Alexandrit und Turmalin. Seine Farbe ist Mauve und seine Pflanzen sind alle Formen und Arten von Orchideen.

Die Tarotkarte ist *VI. – Die Liebenden*. Alte Kartenspiele beschreiben sie als Darstellung eines Mannes zwischen zwei Frauen, die für Laster und Tugend stehen, Lilith, die Frau des bösen Samael, und Eva. Moderne Karten zeigen jedoch eine nackte männliche und weibliche Figur, über denen ein Engel oder ein Amor mit ausgebreiteten Flügeln schwebt.

ח-CH

(Chet)

Achter Buchstabe des Alphabets.

Pfad Nr. 18. verbindet Binah und Geburah.

Zahlenwert. 8.

Chet (gutturales Ch wie in „loch") – ein Zaun. In der Astrologie das Zeichen des Krebses ♋. Es ist Khephra, der heilige Gott, der die Mitternachtssonne repräsentiert. In der alten ägyptischen Astrologie-Philosophie wurde der Krebs als das himmlische Haus der Seele angesehen. Merkur in seiner Rolle als Götterbote und Apollo in seiner Rolle als Wagenlenker sind weitere Zuschreibungen. Die nordische Entsprechung ist Hermod, der Gesandte der Götter, der Sohn Odins, der ihm einen Helm und einen Brustpanzer gab, welche Hermod trug, während er auf seine gefährlichen Missionen geschickt wurde. Leider sind die Hindu-Götter nicht hinreichend bestimmt, um eine Zuordnung anhand ihrer Anzahl in einer zufriedenstellenden Weise vornehmen zu können, es sei denn, wir entscheiden uns für Krishna in seiner Rolle als Lenker des Streitwagens von Arjuna in der Schlacht von Kurukshetra, wie sie im Mahabharata beschrieben wird.

Die Tarotkarte *VII – Der Wagen* ist äußerst interessant. Sie bezeichnet einen Streitwagen, dessen Baldachin blau und mit Sternen geschmückt ist (Nuit, den Nachthimmel, blau, den Weltraum und unsere Herrin der Sterne repräsentierend). Auf dem Streitwagen befindet sich eine gekrönte und gepanzerte Gestalt, auf deren Stirn ein silberner Stern glänzt – das Symbol der spirituellen Wiedergeburt. Auf ihren Schultern sind zwei Halbmonde angebracht, der zunehmende und der abnehmende Mond. Den Wagen ziehen zwei Sphinxen, eine weiß, die andere schwarz, welche die widerstreitenden Kräfte in ihrem Wesen darstellen, die sie gemeistert hat. Auf der Vorderseite des Wagens befindet sich eine Glyphe des Lingam, ihres regenerierten oder sublimierten „Es" oder ihrer Libido, überragt von der geflügelten Kugel, ihrem transzendentalen Ego, mit dem sie sich vereint hat.

Die ganze Karte symbolisiert in angemessener Weise das Große Werk, jenen Prozess, durch den ein Mensch die unbekannte Krone kennenlernt und das Wissen und die Konversation mit seinem Heiligen Schutzengel, vollkommene Selbstintegration und Bewusstsein erlangt.

Ein Wort zur Libido. In diesem Begriff sah Jung ein Konzept unbekannter Natur, vergleichbar mit Henri Bergsons *élan vital*, einer hypothetischen Lebensenergie, die sich nicht nur in der Sexualität, sondern auch in verschiedenen anderen physiologischen spirituellen Manifestationen manifestiert. Bergson spricht von diesem *élan vital* als einer Bewegung der Selbsterschaffung, einem Werden und als dem eigentlichen Stoff und der Realität unseres Seins.

Sein heiliges Tier ist die Sphinx, deren Ausdruck des Rätsels männliche, weibliche und tierische Eigenschaften vereint, ein treffendes Symbol für das zur Vollendung gebrachte Große Werk ist. Der Sepher Yetsirah nennt Chet „Das Haus des Einflusses"; der Lotus ist seine Blume, Onycha sein Parfüm, Kastanienbraun seine Farbe und Bernstein sein Edelstein.

ט-T

(Tet)

Neunter Buchstabe des Alphabets.
Pfad Nr. Neunzehn, der Chased und Geburah verbindet.
Zahlenwert: 9.

Die Pfade auf der Spur, die horizontal verlaufen und eine männliche und eine weibliche Sephira miteinander verbinden, werden als reziproke Pfade bezeichnet. Der vierzehnte Pfad war der erste davon; dieser neunzehnte Pfad ist der zweite und verbindet Macht mit Gnade, Gerechtigkeit mit Liebe.

Dieser Buchstabe bedeutet „Schlange". Sein Tierkreiszeichen ist der Löwe. Pasht, Sekket und Mau werden ihm zugeschrieben, weil sie Katzengöttinnen sind. Ra-Hoor-Khuit ist eine weitere Entsprechung, die die Sonne darstellt, die den Löwen regiert. Demeter und Venus als landwirtschaftliche Göttinnen werden ebenfalls Tet zugeschrieben. Sein Tier ist natürlich der Löwe, seine Blume die Sonnenblume, sein Juwel das Katzenauge und sein Parfüm Olibanum. Seine Farbe ist Purpur.

Seine Tarotkarte ist *VIII.-Stärke* und zeigt eine Frau, gekrönt und mit Blumen umgürtet, ruhig und ohne sichtliche Anstrengung, die das Maul eines Löwen schließt.

Aufgrund der Entsprechungen von „Schlange" und „Löwe" nehmen einige Experten eine phallische Bedeutung für Tet an. Die Schlange und der Löwe sind von besonderer Bedeutung für das Studium der alchemistischen Literatur. In der modernen psychoanalytischen Theorie wird die Schlange klar als Symbol sowohl des Phallus als auch des abstrakten Konzepts der Weisheit erkannt.

י-Y

(Yud)

Zehnter Buchstabe.
Pfad Nr. 20, der Chesed mit Tipharas verbindet.
Zahlenwert. 10.

Yud - eine Hand; oder vielmehr der ausgestreckte Zeigefinger einer Hand, wobei alle anderen Finger geschlossen sind. Auch dies ist ein phallisches Symbol, das das Spermatozoon oder die unbewusste geheime Willensessenz (Libido) darstellt und in den verschiedenen Legenden den Jugendlichen, der sich nach Erhalt des Zauberstabs oder Erreichen der Pubertät auf seine Abenteuer begibt. Die magischen Waffen sind der Zauberstab, dessen freudianische Bedeutung klar erkennbar ist, die Lampe und die eucharistische Hostie. Die Bedeutung der Hand Gottes oder des Dhyan-Chohan-Bewusstseins, das die Weltkräfte in Bewegung setzt, kann auch in diesen Buchstaben Yud hineingelesen werden.

Die Tarotkarte *IX. – Der Eremit* vermittelt das Bild eines alten Adepten, der eine Kapuze und ein schwarzes Gewand trägt und in seiner rechten Hand eine Lampe und in seiner linken einen Stab oder Stock trägt.

Das Konzept dieses Pfades als Ganzes ist das der Jungfräulichkeit, sein Sternzeichen ist ♍ Jungfrau. Wir schreiben ihm daher die unverheiratete Isis und Nephthys zu, beide Jungfrauen. Das hinduistische Äquivalent sind die Gopi-Kuhmädchen oder die Hirtinnen von Brindaban, die sich in Shri Krishna verliebten. Narziss, der schöne junge Mann, der für die Gefühle der Liebe unzugänglich ist, und Adonis, der jugendliche Geliebte von Aphrodite, sind weitere Entsprechungen. Balder, als der schöne jungfräuliche Gott, der in dem himmlischen Schloss namens Breidablik wohnt, in das nichts Unreines eintreten kann, ist zweifellos die nordische Zuschreibung.

Sein Edelstein ist der Peridot, seine Blumen sind das Schneeglöckchen und die Narzisse, die beide Reinheit und Unschuld symbolisieren, und seine Farbe ist Grau.

כ-K

(Kaf)

Elfter Buchstabe.

Pfad Nr. 21, der Chased mit Netsacb verbindet.

Zahlenwert: 20.

Dieser Buchstabe wird Kaf ausgesprochen, was Löffel oder die Höhle der eigenen Hand bedeutet – empfängliche Symbole und daher weiblich. Er wird ♃ Jupiter zugeschrieben, und da er Chesed (die Sphäre von ♃.) mit Netsach verbindet, welches die Sphäre von ♀ Venus ist, hat der Pfad von Kaf sowohl Anteil am großmütigen und großzügigen expansiven Charakter von ♃ als auch an der Liebesnatur von ♀. Er wiederholt auf einer erheblich niedrigeren Ebene die bereits erwähnten Zuschreibungen von Jupiter, Zeus, Brahma und Indra. Pluto wird ebenfalls zugeschrieben, da er der blinde Geber von Reichtum ist, symbolisch für die unendliche und überschwängliche Verschwendungssucht der Natur. In den nördlichen Sagen erfahren wir, dass Njord über Wind und Stürme herrscht und die Wut des Meeres und des Feuers zügelt. Außerdem ist er der Hüter des Reichtums und gibt denjenigen Besitztümer, die ihn anrufen.

Kaf wird „Die versöhnliche Intelligenz" genannt. Seine Edelsteine sind Lapislazuli und Amethyst, die Pflanzen Ysop und Eiche, Safran und alle anderen edlen Düfte und seine Farbe ist Blau.

Die Tarotkarte ist *X. – Das Rad des Schicksals*, das in einigen Kartenspielen ein Rad mit sieben Speichen ist, mit einer Figur des Anubis auf der einen Seite, die einen Caduceus trägt und auf der anderen einen Dämon mit einem Dreizack. Im oberen Bereich des Perimeters befindet sich eine Sphinx, die ein Schwert trägt. Das Rad stellt den ewig wirbelnden karmischen Kreislauf des Samsara dar, der Existenz nach der Existenz, der uns in einem Moment über die Fürsten und Könige des Landes erhebt und uns in anderen Momenten unter die Ebene der Sklaven und des Staubes der Erde wirft. Auf dem Rad sind an jedem der Himmelsrichtungen die Buchstaben TARO eingraviert und dazwischen die vier hebräischen Buchstaben des Tetragrammatons. An jeder der vier Ecken der Karte sitzt auf einer Wolke eines der Geschöpfe, die der Prophet Ezechiel in einer Vision gesehen hat.

Wenn das dôgish weggelassen wird, hat dieser Buchstabe einen kehligen Laut, Ch, ähnlich dem von Chet. Er hat eine Endform, nämlich: „T, zur Verwendung am Ende von Wörtern und sein numerischer Wert als solcher ist 500.

ל-L

(Lamed.)

Zwölfter Buchstabe.
Pfad Nr. 22, der Geburah mit Tipharas verbindet.
Zahlenwert 30.

Dieser Buchstabe Lamed bedeutet Ochsenstachel oder Peitsche und würde allein durch seine Form eine solche Übersetzung nahelegen. Sein astrologisches Zeichen ♎ Waage, ist seine wichtigste Zuordnung und fasst die Eigenschaften des Pfades zusammen.

Die Tarotzuordnung ist *XI.-Gerechtigkeit*, die eine sehr düstere Frau darstellt, welche zwischen zwei Säulen sitzt und in einer Hand ein Schwert und in der anderen eine Waage hält. Der untergeordnete Tarottitel ist „Die Tochter der Herren der Wahrheit. Die Herrscherin der Waagen".

Die griechische Gottheit ist Themis, die in den homerischen Gedichten die Personifizierung abstrakter Gesetze, Sitten und Gerechtigkeit ist, weshalb sie als Herrscherin der Versammlungen der Menschen und als Einberuferin der Versammlung der Götter auf dem Olymp beschrieben wird. Seine ägyptische Gottheit verkörpert die Idee der Gerechtigkeit, denn sie ist Maat, die Göttin der Wahrheit, die im Totenbuch in der Gerichtsszene erscheint, in der das Herz des Verstorbenen gewogen wird. Auch Nemesis ist eine Entsprechung, da sie den Sterblichen Glück und Elend zuteilte; und hier findet sich auch das hinduistische Konzept von Yama, der Personifizierung von Tod und Hölle, wo die Menschen für ihre bösen Taten büßen mussten.

Die Pflanze von Lamed ist Aloe; seine Tiere sind die Spinne und der Elefant; sein Duft ist Galbanum und seine Farbe ist Blau. Sein yetsiratischer Titel ist „Die treue Intelligenz".

מ-M

(Mem.)

Dreizehnter Buchstabe.
Pfad Nr. 23, der Geburah mit Hod verbindet.
Zahlenwert: 40.

Mem hat die Aussprache, die Wasser bedeutet, und ihm wird auch das Element ∇ Wasser zugeschrieben. In seiner Form erkennen einige Autoritäten die Wellen des Meeres. Seine Götter sind Tum Ptah Auromoth, was die Idee des Gottes der untergehenden Sonne, des Königs der Götter und einer rein elementaren Gottheit vereint. Poseidon und Neptun werden wiederum als Vertreter von Wasser und Meeren bezeichnet.

Mem wird „die stabile Intelligenz" genannt und seine Farbe ist meergrün. Der Kelch und der Messwein (Soma, das Elixier der Unsterblichkeit) sind die magische Ausrüstung für die Zeremonie. Die sogenannten Keruben des Wassers sind der

Adler, die Schlange und der Skorpion, die den unerlösten Menschen, seine magische Kraft und seine endgültige „Erlösung" darstellen. Alle Wasserpflanzen und der Lotus sind passende Entsprechungen. Aquamarin oder Beryll sind seine Edelsteine und Onycha und Myrrhe seine Düfte.

Die Tarotzuordnung lautet *XII. – Der Gehängte,* eine höchst merkwürdige Karte, die einen Mann in einer blauen Tunika darstellt, der mit einem Fuß kopfabwärts (umgeben von einem goldenen Heiligenschein) an einem T-förmigen Galgen hängt, während der andere hinter dem Knie angewinkelt ist und ein Kreuz suggeriert. Seine Arme sind hinter seinem Rücken zusammengebunden und bilden ein Dreieck mit der Basis nach unten. Es ist die Formel des „Erlösers", der den Menschen der Erde Licht bringt.

Mem hat eine endgültige Form von n, Wert 600.

ϟ-N

(Nun)

Vierzehnter Buchstabe.
Pfad Nr. 24, der Tipharas mit Netsach verbindet.
Zahlenwert: 50.

Wird Nun ausgesprochen und bedeutet „Fisch".

Die Entsprechungen scheinen wieder der astrologischen Interpretation zu folgen, die ♏ Skorpion ist, das Reptil, das sich der Legende nach selbst zu Tode sticht. ♂ Mars regiert den Skorpion, und sein griechischer Gott ist daher Mars; sein römischer Gott Ares. Apep, der ägyptische Gott, eine riesige Schlange, wird hier zugeschrieben. Kundalini ist die Hindu-Göttin, welche die schöpferische Kraft (Libido) repräsentiert, die wie eine Schlange an der Basis der Wirbelsäule aufgerollt ist, im sogenannten Lotus des Muladhara-Chakras.

Ihre magische Formel lautet Regeneration durch Fäulnis. Die Alchemisten der alten Zeit verwendeten hauptsächlich diese Formel. Der erste gemeinsame Stoff ihrer Operationen war unedel und musste mehrere Stadien der Verderbnis oder Fäulnis durchlaufen (oder chemische Veränderung, wie man es heute bezeichnen würde), wobei er schwarzer Drache genannt wurde – aber aus diesem fauligen Stadium wurde das reine Gold gewonnen.

Eine andere Anwendung derselben Formel gilt für jenen psychologischen Zustand, von dem alle Mystiker sprechen, nämlich: die spirituelle Trockenheit oder *„die dunkle Nacht der Seele“*, in der alle Kräfte vorübergehend in der Schwebe gehalten werden, um in der Wirklichkeit Kraft zu sammeln und dann im Licht der spirituellen Sonne aufzusprießen und aufzublühen. Ihr heiliges Tier ist daher der Käfer, der den ägyptischen Gott Khephra darstellt, den Käfer-Gott der Mitternachtssonne, der das Licht in der Dunkelheit symbolisiert. Während des erwähnten mystischen Zustands scheint das gesamte Innenleben einer Person auf die herzergreifendst vorstellbare Weise auseinandergerissen zu werden.

Die Tarot-Zuschreibung *XIII.-Tod* setzt diese Konzeption fort und zeigt ein schwarzes Skelett auf einem weißen Pferd (das uns an einen der vier Reiter der Apokalypse erinnert), das mit einer Sense bewaffnet alles und jeden niedermäht, mit dem es in Kontakt kommt.

Sein yetsiratischer Titel ist „Die phantasievolle Intelligenz", und sein Edelstein ist der Schlangenstein; die Farbe ist Käferbraun; das Parfüm ist Opoponax; seine Pflanze ist der Kaktus und alle giftigen Gewächse.

Auch dieser Buchstabe hat eine Endform ן, deren numerischer Wert 700 ist.

ס-S

(Samech)

Fünfzehnter Buchstabe.
Pfad Nr. 25, verbindet Tipharas und Yesod.
Zahlenwert 60.

Dieser Buchstabe bedeutet „Stütze". Der Pfad wird dem Tierkreiszeichen Schütze ♐ zugeschrieben und wird „Die vorläufige Intelligenz" genannt. Schütze ist im Wesentlichen ein Jagdzeichen, und Diana als himmlische Bogenschützin und Göttin der Jagd findet ihren Platz in dieser Kategorie. Apollo und Artemis als Jäger mit Pfeil und Bogen sind ebenfalls enthalten.

Das Symbol des Schützen ist der Zentaur, halb Mensch und halb Tier, der traditionell mit dem Bogenschießen in Verbindung gebracht wird; und auch das Pferd ist eine Entsprechung von Samech. Die entsprechende Pflanze ist Binse, die zur Herstellung von Pfeilen verwendet wird; Parfüm Aloeholz und Grün als Farbe. Der Regenbogen ist ebenfalls eine Entsprechung von Samech, und in diesem Zusammenhang wird der Gott Ares zugeschrieben.

Die Tarot-Zuordnung lautet *XIV.-Mäßigkeit* und zeigt einen Engel, gekrönt mit dem goldenen Siegel der Sonne, gekleidet in wunderschöne weiße Gewänder, und auf seiner Brust sind die Buchstaben des Tetragrammatons über einem weißen Quadrat geschrieben, in dem sich ein goldenes Dreieck befindet. Er gießt eine blaue Flüssigkeit aus einem vergoldeten Kelch in einen anderen.

Dieser Pfad führt von Yesod zu Tipharas, der Sphäre der ☉ Sonne. Der Engel des Tarot würde den Heiligen Schutzengel verkörpern, zu dem der Mensch strebt. Grundton des astrologischen Zeichens, der himmelwärts weisende Pfeil, ist das Streben, das Siegel der Sonne und das vergoldete Dreieck über dem

Herzen des Engels weisen alle auf das Objekt des Strebens hin, das Asar-Un-Nefer darstellt, den vollkommenen Menschen.

An der Richtigkeit dieser Tarot-Zuordnungen kann kaum ein Zweifel bestehen. Sein Stein ist der Hyazinth (Zirkon), der sich in Wirklichkeit auf den schönen Jungen Hyazinth bezieht, welcher von Apollo versehentlich mit einem Wurfring getötet wurde.

ע-O

(Ajin)

Sechzehnter Buchstabe.
Pfad Nr. Sechsundzwanzig, der Tipharas mit Hod verbindet.
Zahlenwert: 70.

Ausgesprochen Ajin (mit leichtem nasalem Tonfall) und bedeutet ein „Auge" – in Anlehnung an das Auge Shivas, das angeblich in die Zirbeldrüse verkümmert ist. Astrologisch ist es ♑ Steinbock, die Bergziege, die vorwärts und aufwärts springt, mutig und ohne Furcht, aber dennoch dicht an den Berggipfeln bleibt.

Seine Symbole sind wiederum sowohl die Yoni als auch der Lingam, und seine Götter sind Sinnbilder der schöpferischen Kräfte der Natur. Khem ist das ägyptische schöpferische Prinzip, das fast immer mit dem Kopf einer lüsternen Ziege dargestellt wird. Priapus ist der griechische Gott, insofern er der Gott der sexuellen Fruchtbarkeit und Ertragskraft war. Pan, dargestellt als Ziege der Herde, „wütend und vergewaltigend, zerreißend und ewig zerfleischend", wird hier ebenfalls zugeschrieben.

Bacchus, der heitere Vertreter der reproduktiven und berauschenden Kraft der Natur, ist eine weitere Entsprechung.

Hanf, von dem Haschisch abgeleitet ist, wird wegen seiner berauschenden und Ekstase erzeugenden Eigenschaften zugeschrieben.

Ajin repräsentiert die spirituelle schöpferische Kraft der Gottheit, die, sollte sie sich in einem Menschen offenbaren, ihn zu *Ægipan*, dem All, macht. Dieser Pfad symbolisiert den Menschengott, eifrig und erhaben, sich seines wahren Willens bewusst und bereit, seine lange und mühsame Reise zur Erlösung der Welt anzutreten.

Die Tarotkarte ist *XV. – Der Teufel*. Sie zeigt einen geflügelten Satyr mit Ziegenkopf, auf dessen Stirn sich ein Pentagramm befindet, der mit der rechten Hand nach oben zeigt, während seine linke Hand eine brennende Fackel umklammert, die nach unten zeigt. An seinen Thron sind eine nackte männliche und eine nackte weibliche Figur gekettet, die beide Ziegenhörner haben.

Der dem sechsundzwanzigsten Pfad entsprechende Edelstein ist der schwarze Diamant; Tiere sind die Ziege und der Esel. Man wird sich erinnern, dass Jesus im Evangelium als in

Jerusalem auf einem Esel reitend dargestellt wird, und wenn mich mein Gedächtnis nicht täuscht, gibt es irgendwo auch einen Hinweis auf Dionysius, der auf einem Esel reitet. Sein Titel ist „Die erneuernde Intelligenz", sein Duft ist Moschus und seine Farbe ist Schwarz.

פ-P

(Pej)

Siebzehnter Buchstabe.
Pfad Nr. 27, der Netsach mit Hod verbindet.
Zahlenwert: 80.

Der Leser wird bemerken, dass er von der Form her Kaf ähnelt, was hohle Hand bedeutet, mit dem Zusatz einer kleinen Zunge oder Yod. Die Bedeutung von Pej ist „Mund". Es ist der dritte der wechselseitigen Pfade.

Sein yetsiratischer Titel ist „Die natürliche Intelligenz". Seine astrologische Zuordnung ist ♂ Mars, und daher wiederholt dieser Pfad in großem Maße die Zuordnungen der Sphäre von Geburah, wenn auch auf einer weniger spirituellen Ebene. Horus, der falkenköpfige Herr der Stärke, Mentu, der Kriegsgott der Ägypter; Ares und Mars der Griechen und Römer und alle anderen Kriegergötter sind die Zuordnungen der Gottheiten. Krishna, als Wagenlenker der Schlacht von Kurukshetra, ist die hinduistische Entsprechung. Auch Odin wurde in den nordischen Mythen als Kriegsgott dargestellt und schickte die Walküren, um die gefallenen Helden an den festlichen Tafeln von Walhalla willkommen zu heißen. Anderson sagt in seiner *nordischen Mythologie*, dass die Walküren „Odins Dienerinnen sind und der Kriegsgott seine Gedanken und seinen Willen in Form mächtiger bewaffneter Frauen zum Blutbad auf dem Schlachtfeld schickt, auf die gleiche Weise, wie er seine Raben über die ganze Erde schickt".

Sein Metall ist Eisen, seine Tiere der Bär und der Wolf, seine Edelsteine der Rubin und jeder andere rote Stein; seine Pflanzen Raute, Pfeffer und Absinth; seine Düfte Pfeffer und alle scharfen Gerüche und seine Farbe Rot.

Die passende Tarotkarte ist *XVI. – Der Turm*, dessen oberer Teil wie eine Krone geformt ist. Er wird auch Das Haus Gottes genannt, und sein Nebentitel ist „Der Herr der Mächtigen Heerscharen". Die Karte zeigt, wie der Turm von einem hellen Zickzack-Blitz getroffen wird, der die Spitze zerstört, und rote Flammenzungen lecken an den drei Fenstern, aus denen zwei Gestalten gesprungen sind. Dieser Buchstabe hat, zusammen mit dem Buchstaben Kaf, einen besonderen Bezug zu einer magischen Formel, die sich hervorragend für den Grad des Adeptus Major eignet.

Wenn das Dôgish in diesem Buchstaben weggelassen wird, wird er als PH oder F ausgesprochen. Seine endgültige Form ist ך-800.

צ-Z

(Zadi)

Achtzehnter Buchstabe.
Pfad Nr. Achtundzwanzig, der Netsach mit Yesod verbindet.
Zahlenwert 90.

Zadi – ein Angelhaken. Seine astrologische Zuordnung ist Wassermann, das Zeichen des Wasserträgers. Diese Idee wird in der Tarotkarte fortgesetzt, *XVII. – Der Stern* und eine nackte Frau zeigt, die neben einem Gewässer kniet und Wasser aus zwei Krügen gießt, die sie in jeder Hand hält. Über ihr sind sieben achtzackige Sterne, die einen größeren Stern umgeben. Der Nebentitel ist „Die Tochter des Firmaments. Die Bewohnerin zwischen den Wassern".

Dieser Pfad ist eindeutig weiblich und verbindet Venus mit Mond, beides weibliche Einflüsse; und Juno, die griechische Göttin, die über das weibliche Geschlecht wacht und als Genie der Weiblichkeit angesehen wurde, ist seine Hauptzuordnung. Athene als Patronin sowohl der nützlichen als auch der eleganten Künste (die Künste sind die astrologischen Merkmale des im Sternzeichen Wassermann Geborenen) ist eine Entsprechung;

ebenso Ganymed, aufgrund seiner beinahe weiblichen Schön-heit und weil er der Mundschenk war. Ahepi und Aroueris sind die ägyptischen Entsprechungen.

Die Pflanze von Zadi ist der Olivenbaum, den Athene für die Menschheit erschaffen haben soll; sein Tier ist der Adler, der Ganymed zum Olymp gebracht haben soll; sein Duft ist Gal-banum und seine Farbe ist Himmelblau. Sein yetsiratischer Titel ist „Die natürliche Intelligenz". Der Edelstein ist der Chalcedon, der durch sein Aussehen an die weichen, wässrigen Wolken und Sterne erinnert. Zadi hat eine endgültige Form V, 900.

-Q

(Kuf)

Neunzehnter Buchstabe.
Pfad Nr. 29, der Netsach mit Malkuth verbindet.
Zahlenwert: 100.

Aussprache: Kuf, was Hinterkopf bedeutet. Sein yetsira-tischer Titel ist „Die körperliche Intelligenz"; und seine Zuord-nung ist ♓ Pisces, das Zeichen der Fische.

Dieser Pfad ist sehr schwer zu beschreiben, da er sich zweifellos auf einen Aspekt der Astralebene bezieht; und er ist auch ein phallisches Symbol, wobei sich der Fisch auf die Sper-mien bezieht, die in den Grundlagen des eigenen Seins schwim-men. Seine hinduistische Zuordnung ist Vishnu als Matsu oder

Fisch-Avatar. Neptun und Poseidon, sofern ihr Herrschaftsbereich das Reich umfasst, in dem die Fische leben; und Khephra als Käfer oder Krabbe sind weitere Entsprechungen. Alle diese Symbole verbergen oder beziehen sich auf eine Art von Magie, die mit der Anwendung der Formel des Tetragrammatons verbunden ist.

Jesus von Nazareth wird manchmal als der Fisch bezeichnet, und die Leser werden sich an frühchristliche Amulette erinnern, auf denen das griechische Wort „Ichthys" eingraviert war, was Fisch bedeutet und sich auf die Persönlichkeit bezieht, die von den christlichen Kirchen als Sohn Gottes anerkannt wurde. Der babylonische Weisheitslehrer Oannes wurde ebenfalls in phallischer Fischform dargestellt.

Sein heiliges Wesen ist der Delphin, seine Farbe ist Gelbbraun und sein Juwel die Perle. Die Perle wird wegen ihres wolkigen Glanzes im Gegensatz zur Transparenz anderer Juwelen den Fischen zugeordnet und erinnert so ein wenig an die Astralebene mit ihren wolkigen Formen und halbtransparenten Visionen im Gegensatz zu den Blitzen formlosen Lichts, die rein spirituellen Ebenen zugehörig sind.

XVIII.-Der Mond ist seine Tarotkarte, die eine mitternächtliche Landschaft beschreibt, auf die der Mond scheint. Zwischen zwei Türmen stehen ein Schakal und ein Wolf, deren Schnauzen in die Luft gerichtet sind, und heulen den Mond an, und ein Flusskrebs oder eine Krabbe kriecht aus dem Wasser aufs Trockene.

‎ר‎-R

(Resch)

Zwanzigster Buchstabe.
Pfad Nr. 30, der Hod mit Yesod verbindet.
Zahlenwert: 200.

Resch ist seine Aussprache und bedeutet Kopf. Die Sonne wird diesem Pfad zugeschrieben, und alle Symbole sind eindeutig solar.

Ra, Helios, Apollo und Surya sind alle Götter der Sonnenscheibe; Gelb ist die Farbe, die Resch gegeben wurde; Zimt und Olibanum sind seine Düfte – offensichtlich solar; der Löwe und der Sperber sind seine Tiere. Gold ist das passende Metall; Sonnenblume, Heliotrop und Lorbeer sind seine Pflanzen. Chrysolith ist sein Edelstein, das die goldene Farbe der Sonne andeutet. Sein Titel ist „Die sammelnde Intelligenz". Die Tarotkarte XIX. – *Die Sonne* passt wunderbar dazu. Es fällt außerordentlich schwer zu glauben, dass einige Autoren der Kabbala diese Karte dem Buchstaben Kuf zuschreiben. Die Karte zeigt eine strahlende Sonne über dem gekrönten und siegreichen Kind Horus, das triumphierend auf einem weißen Pferd reitet – dem Symbol des Kalki Avatar. Im Hintergrund der Karte sind mehrere

Sonnenblumen zu sehen, die wiederum auf die solare Natur der Zuordnung hinweisen.

Der *Sepher Yetsirah* bezeichnet „Resch" als „Doppelbuchstaben", aber ich konnte für diesen Buchstaben keinen anderen Laut als „R" entdecken; auch wird von modernen hebräischen Grammatikern kein anderer als solcher erkannt. Vielleicht ist die französische Form von „R" – ausgesprochen mit einem entschiedenen Rollen – der fragliche Laut.

ש-SH

(Schin)

Einundzwanzigster Buchstabe.
Pfad Nr. 31, der Hod mit Malkuth verbindet.
Zahlenwert: 300.

Schin bedeutet Zahn, wahrscheinlich in Bezug auf einen dreizackigen Backenzahn. Dieser Buchstabe nimmt ein Dôgish an, und wenn letzteres auf der linken Seite ist, nämlich ש (Sin), wird es als „S" ausgesprochen.

Feuer △ ist sein yetsiratisches Element (auf Hebräisch ist אש Esh Feuer, wobei das „sh" bei der Aussprache am deutlichsten ist) und durch diesen Zischlaut ש symbolisiert wird, weil ein Charakteristikum von Feuer sein zischender Laut ist; und das Äquivalent für „Zischlaut" im Hebräischen ist ein Wort, das auch „Zischen" bedeutet.

149

Die Bedeutung dieses Pfades ist die des Heiligen Geistes, der in feurigen Zungen herabsteigt – was an die Apostel Christi zu Pfingsten erinnert – und alle seine Zuschreibungen sind feurig. Agni ist der Hindu-Gott von Tejas, dem Tattva oder Element des Feuers. Hades ist der griechische Gott der feurigen Unterwelt, ebenso wie Vulkan und Pluto. Seine ägyptischen Götter bezeichnen feurige Elementargötter, Thoum-resh-neith, Kabeshunt und Tarpesheth.

Seine Pflanzen sind der rote Mohn und der Hibiskus. Wenn man die obigen Zuschreibungen kennt, versteht und fühlt man den klagenden Schrei des Dichters: „Kröne mich mit Mohn und Hibiskus." Der Edelstein dieses Pfades ist der Feueropal und seine Düfte Olibanum und alle feurigen Gerüche. Der Titel des Sepher Yetsirah lautet „Die ewige Intelligenz".

Die Tarot-Entsprechung ist *XX. – Das Jüngste Gericht.* Sie zeigt den Engel Gabriel, der eine Posaune bläst und ein Banner mit einem roten Kreuz trägt. Die Toten öffnen ihre Gräber und stehen aufrecht, blicken nach oben und richten ihre Arme im Gebet zum Engel.

ת -T

(Taw)

Zweiundzwanzigster Buchstabe.
Pfad Nr. Zweiunddreißig. Verbindet Yesod mit Malkuth.
Zahlenwert. 400.

Dieser Buchstabe bedeutet ein T-förmiges Kreuz. Ohne einen Dôgish wird er als „S" ausgesprochen.

Dieser Pfad repräsentiert sowohl (a) die untersten Reste der Astralebene, denen ♄ Saturn als das große astrologische Übel zugeschrieben wird, als auch (b) das Universum *in toto*, repräsentiert durch Brahma und Pan als die Gesamtheit aller existierenden Intelligenzen. In die letztere Kategorie fällt Gaea oder Ge, die Personifizierung der Erde. Es gibt auch den nordischen Vidar, dessen Name darauf hinweist, dass er die unvergängliche Natur der Welt ist, verglichen mit der Unermesslichkeit der unzerstörbaren Wälder, und wie der griechische Pan ist er der Vertreter der stillen, geheimen und friedlichen Haine. Anderson wiederum deutet an, dass Vidar die ewige, wilde, ursprüngliche Natur ist, der Gott der unvergänglichen Materie. Saturn, ein früher italienischer Gott, ist ebenfalls eine Erdgottheit, da er den Menschen die Landwirtschaft beigebracht, ihre Wildheit unterdrückt und sie in die Zivilisation eingeführt hat.

In Verbindung mit (a) haben wir jedoch Sebek, den Krokodilgott, der die gröbste Form der Materie darstellt, und Entsprechungen wie Assafoetida und alle üblen Gerüche sowie das hinduistische Tamo-gunam, die Eigenschaft der Trägheit und Trägheit.

Seine Farbe ist Schwarz, seine Pflanzen sind Esche und Nachtschatten, und sein yetsiratischer Titel ist „Die administrative Intelligenz".

Die Tarotkarte ist *XXI. – Die Welt*, die in einem Blumenkranz eine weibliche Figur zeigt, die als Jungfrau der Welt bekannt geworden ist, was diesem Pfad zusätzliche Bedeutung verleiht, da er auf Malkuth herabsteigt, dem der Sohar das letzte Heh, die Tochter, zuweist, die die untere Widerspiegelung der Shechinah in der Höhe ist. An den vier Ecken der Karten sind die vier cherubischen Tiere der Apokalypse: der Mensch, der Adler, der Stier und der Löwe.

KAPITEL FÜNF

ADAM KADMON

DIE Kabbalisten betrachten die zehn Sephiroth und die Pfade als eine ungeteilte Einheit, die das bildet, was Adam Kadmon oder der Himmlische Mensch genannt wird. Wir können davon ausgehen, dass die Sephiroth die kosmischen Prinzipien sind, die in den Makrokosmos-Universalien wirksam sind, und dementsprechend, da „wie oben, so unten", haben sie ihre Reflexion im Menschen als Einzelheiten. In diesem Kapitel wird versucht, die Sephiroth mit den Prinzipien im Menschen in Beziehung zu setzen, und es wird versucht, Parallelen und Entsprechungen zwischen verschiedenen Systemen der mystischen Psychologie zu ziehen. Wenn der Studierende einige der wichtigen Zuschreibungen der beiden vorhergehenden Kapitel im Gedächtnis behält, wird er nur wenig Schwierigkeiten haben, das Folgende zu verstehen.

„Was ist der Mensch? Besteht er einfach nur aus Haut, Fleisch, Knochen und Adern?"

„Nein! Was den wahren Menschen ausmacht, ist die Seele, und jene Dinge, die Haut, Fleisch, Knochen und Adern genannt werden – alle sie sind nur ein Schleier, eine äußere Hülle, aber nicht der Mensch selbst. Wenn ein Mensch abtritt, entledigt er sich all dieser Gewänder, mit denen er bekleidet ist. Doch sind all diese Knochen und Sehnen und die verschiedenen

Körperteile nach den Geheimnissen der göttlichen Weisheit geformt, nach dem himmlischen Bild. Die Haut symbolisiert die Himmel, die unendlich groß sind und alle Dinge wie mit einem Gewand bedecken... Die Knochen und Adern symbolisieren den göttlichen Wagen, die inneren Kräfte des Menschen. Aber dies sind die äußeren Gewänder, denn im Inneren liegt das tiefe Geheimnis des Himmlischen Menschen" (*Sohar*).

	I	II	III	IV	V	VI	VII	VIII	IX
	Tree of Life	Astrology	Theosophy	Vedanta	Raja Yoga	Hatha Yoga	Egyptian	Rabbi Azriel (revised)	English of Column VIII
1	Keser	Neptune ♆	Atma	Atma	Atma	Sahasrara Chakra	Khabs	Yechidah	The Point, or Monad
2	Chokmah	Uranus ♅	Buddhi	Anandama-yakosa	Karano-padhi	Ajna Chakra	Khu	Chiah	The Creative Self
3	Binah	Saturn ♄	Higher Manas	Vijnanama-yakosa		Visuddhi Chakra	Ab	Nescha-mah	The Intuitive Self
4	Chesed	Jupiter ♃	Manas		Sukshmo-padhi	Anahata Chakra	Sek-hem	Ruach	The Intellect
5	Geburah	Mars ♂		Manoma-yakosa					
6	Tipharas	Sun ☉							
7	Netsach	Venus ♀	Kama			Svaddisthana Chakra			
8	Hod	Mercury ☿	Prana	Prana-maya-kosa	Sthulo-padhi	Manipura Chakra	Ba	Nephesch	Automatic or (sub) con-sciousness
9	Yesod	Moon ☽	Linga-Sarira			Muladhara Chakra			
10	Malkus	Earth △▽ ▽△	Sthula-Sarira	Annamaya-kosa			Khat	Guph	Physical Body

Abbildung 6
ADAM KADMON

Dieses Zitat aus dem *Sepher haSohar* ist die Grundlage, auf der ein zusammenhängendes System der Psychologie oder Pneumatologie aufgebaut wurde, das denjenigen, die mit den allgemeinen Konzeptionen der Mystik nicht vertraut sind, in der Tat sehr seltsam erscheinen mag. Aber die Idee eines inneren Menschen, der Geist und Körper als Instrumente zur Erlangung von Erfahrung und damit Selbstbewusstsein verwendet, ist jedem mystischen System inhärent, das das Licht der Sonne erblickt hat. Die von den verschiedenen Schulen der Mystik verwendeten Klassifizierungen der Natur des Menschen sind in der gegenüberliegenden Tabelle tabellarisch aufgeführt, wobei die zehn Sephiroth als Vergleichsgrundlage dienen.

Bei ihrer Analyse des Menschen stellten die Kabbalisten fest, dass der Mensch Hand in Hand mit dem physischen Körper ein automatisches oder gewohnheitsbildendes oder Wunschbewusstsein hatte, das ihm Impulse und Willenskraft in bestimmte Richtungen verlieh. Es kümmerte sich um die Funktionen seines Organismus, denen die bewusste Aufmerksamkeit selten zuteilwurde, wie etwa die Blutzirkulation, der Herzschlag und die unwillkürlichen Bewegungen des Zwerchfells, die zum Ein- und Ausatmen führen. Sie bemerkten auch die Fähigkeit zur Vernunft und Kritik, die Kraft, mit der ein Mensch von Prämissen zu Schlussfolgerungen gelangt. Und darüber hinaus gab es das spirituelle Wesen, das diesen Körper benutzte, das dieses Verlangen und dieses rationale Bewusstsein benutzte.

Bei einer gewöhnlichen Analyse sollte es auch offensichtlich werden, dass im Menschen diese drei unterschiedlichen „Leben" vorkommen. Es gibt, um den vorhergehenden Absatz etwas anders auszudrücken, das Leben des Körpers mit seinen zahlreichen Wünschen und Instinkten, und in der gesamten wunderbaren Arbeitsmaschinerie des Körpers. Diesen Aspekt des Menschen haben einige Kabbalisten als Nephesch bezeichnet, die unerlöste Tierseele. Dann kommt seine Persönlichkeit – der Ruach, ein sich ständig veränderndes, ruheloses „Ich", das wir kennen und in dem wir uns unserer selbst bewusst sind. Schließlich gibt es ein größeres Bewusstsein, das all dies übersteigt und gleichzeitig umfasst, nämlich die Neschamah, das wahre Ego.

Der Nephesch wurde teilweise von Freud, Adler und Jung untersucht, und abgesehen von allen Theorien stimmen ihre beobachteten Fakten mit der kabbalistischen Tradition überein. Der *Ruach* hat die Aufmerksamkeit von Philosophen auf sich gezogen, und die *Neschamah* scheint traurig vernachlässigt worden zu sein.

Die obige Einteilung wird als dreifache Klassifizierung des Menschen bezeichnet und ähnelt der orthodoxen christlichen Vorstellung von Körper, Seele und Geist. In diesem Zusammenhang gibt es, wie ich hinzufügen möchte, noch ein weiteres Prinzip, das von der Kabbala postuliert wird. Die *Neschamah* dieser Klassifizierung würde der hinduistischen Vorstellung von

Jivatma, der Seele oder Selbst-Bedingung, entsprechen. Zur Vorstellung von Paramatma, dem Höchsten Selbst, in derselben Philosophie gibt es eine Parallele im Sohar-Text, genannt *Zureh*, ein himmlischer, spiritueller, perfekter Prototyp, der seinen Wohnsitz im *Olam Atsilus* (siehe dort, Kapitel Sieben) nie verlässt. Die Soharisten stellen sich *Zureh* als in gewisser Weise durch spirituelle und magische Bande mit der Neschamah verbunden vor. Isaac Myers hat in dieser Hinsicht einige sehr interessante Bemerkungen zu machen. Er sagt, dass der magische Wille durch Hingabe die *Neschamah* zu ihrem *Zureh* erhebt, wo sie sich vereinen. „Die höhere prototypische Seele wird aufgewühlt und durch einen mystischen Einfluss werden sie aneinander gekettet." Diese Idee fällt in den Mystizismus der Kabbala, in dem die Lehre der Ekstase eine herausragende Rolle spielt, und gehört daher in ein späteres Kapitel.

Die Kabbalisten betrachten die Konstitution des Menschen auf eine andere Weise – diesmal von einem eher praktischen Standpunkt aus. Sie basiert auf der sogenannten Tetragrammaton-Formel oder der Zuordnung der vier Buchstaben von YHVH יהוה zu verschiedenen Teilen des Menschen.

Die erste Sephira, Kether – die Krone, ist in dieser besonderen Methode im Allgemeinen nicht enthalten; oder wenn sie enthalten ist, wird sie einfach Gott genannt oder das Lebensziel, mit dem ein Mensch sich zu vereinen strebt.

Y ' wird Chokmah gegeben und der Vater genannt. In den indischen Systemen würde dies Atma, dem Selbst, entsprechen. Die Mutter ist Binah, die Himmlische Shechinah, und das erste Héh ה ist ihr Buchstabe. Die Kausalhülle wäre das Yoga-Äquivalent. Als nächstes kommt der Sohn, der sich in Tipharas befindet, aber in Wirklichkeit das sechseckige Aggregat von sechs Sephiroth, dessen Basis oder Zentrum in Tipharas liegt. Der Buchstabe des Sohnes ist V ו - die allgemeine Vorstellung ... entsprechend dem Sukshmopadhi oder dem Subtilen Körper. Nun wird Malkuth, das Königreich, die Unerlöste Jungfrau genannt und ist *Nephesch*, die Tierseele des Menschen oder die Sthulopadhi. Sie ist das letzte Héh ה.

Der Sohn ist der Augoeides, der Selbstglitzernde, die spirituelle Seele des Menschen. Er ist auch, nach einem anderen System, der Heilige Schutzengel; und das Ziel dieser besonderen Klassifizierung ist, dass die unerlöste Jungfrau, *Nephesch*, den himmlischen Bräutigam, den Sohn des Allvaters, heiraten muss, der sich in Tipharas befindet. Dieser Vorgang wird als Erlangen des Wissens und der Konversation des Heiligen Schutzengels bezeichnet. Es ist die alchemistische Hochzeit, die mystische Vermählung der himmlischen Braut und des himmlischen Bräutigams. Diese Vereinigung macht die Jungfrau zu einer schwangeren Mutter (Aimah, die Binah ist), und mit ihr vereinigt sich der Vater schließlich, und beide werden dadurch in die Krone aufgenommen. Diese scheinbare Unklarheit kann erheblich aufgeklärt werden. Das letzte Er ist Nephesch oder Unterbewusstsein. Normalerweise befindet sich das Bewusstsein, das Vav oder der Sohn, in einem schweren Konflikt mit dem Unterbewusstsein, und Verwirrung und eine Störung des gesamten Bewusstseins sind die Folge. Das erste Ziel muss es sein, das bewusste Ego mit dem Unterbewusstsein zu versöhnen und den Gleichgewichtsfaktor zwischen beiden herzustellen. (Diese Idee wird von Jung in seinem Kommentar zu R. Wilhelms Das Geheimnis der goldenen Blüte hervorragend ausgearbeitet.) Wenn diese übliche Konfliktquelle verschwunden ist (oder, wie diese alte Symbolik sagt, wenn Vav und Er sich endgültig vermählt haben), ist man in der Lage, Verständnis zu erlangen, das Binah ist, das erste Er und die Mutter. Aus Verständnis, das Liebe ist, kann Weisheit entstehen. Weisheit ist Y der Vater, Chokmah. Mit der Vereinigung von Weisheit und Verständnis in sich selbst kann der Sinn des Lebens erraten und das Ziel am Ende ins Auge gefasst werden, und die Schritte, die zur Vollendung der göttlichen Vereinigung führen, können ohne Gefahr, Angst oder die üblichen Konflikte der Persönlichkeit eingeleitet werden. Ich möchte nur nebenbei hinzufügen, dass sich aus dieser Klassifizierung eine äußerst mächtige Formel der Magie ableitet.

Es gibt eine andere, etwas philosophischere Klassifizierung, die von vielen bevorzugt wird. Sie ist im Wesentlichen abgeleitet von dem *Kommentar zu den zehn Sephiroth*, der auf Hebräisch von dem bereits erwähnten Rabbi Azariel ben Menaham geschrieben wurde. Er zeichnete sich als Philosoph, Kabbalist und Talmudist aus und war ein Schüler von Isaak dem Blinden, dem Gründer der kabbalistischen Schule von Gerona. Sein oben erwähnter Kommentar ist auf bemerkenswert klare und akademische Weise geschrieben und die Klassifizierung ist äußerst zufriedenstellend.

Seine Klassifizierung machte den Menschen zu einer Entität mit sechs verschiedenen Aspekten. Man darf nicht grob annehmen, dass Rabbi Azariel meinte, diese sechs Unterteilungen des Menschen könnten einzeln aufgeteilt und jede davon beiseitegelegt werden. Die sechs Unterteilungen sind nur Aspekte einer Entität, deren Natur das Bewusstsein ist. Der Mensch als Ganzes, bestehend aus seinen verschiedenen Funktionen und Kräften und Sephiroth, ist eine integrale Einheit. Rabbi Azariel charakterisierte die himmlische Triade von Sephiroth als den unsterblichen Menschen, so genannt. Kether ist die Monade, das nicht ausgedehnte und unteilbare Zentrum spiritueller Kraft und Bewusstseins – die Yechidah, die mit „Einziger", „Einzigartiger" oder „Wahres Selbst" übersetzt wird, das der unsterbliche spirituelle Pilger ist, der sich von Zeit zu Zeit inkarniert, „um sein Vergnügen unter den Lebenden zu finden". Es ist der Inbegriff des Bewusstseins, der den Menschen mit jedem anderen Funken Göttlichkeit identisch und gleichzeitig in Bezug auf seinen individuellen Standpunkt verschieden macht. Manche nennen es den Khabs oder den Stern, von dem geschrieben steht: „Betet daher den Khabs an und seht, wie mein Licht über euch ausgegossen wird". Es ist das Atma der Hindus, die universelle Überseele oder das Selbst im Herzen jedes Wesens, die ewige Quelle des Lebens, des Lichts, der Liebe und der Freiheit.

Kether wird in dieser besonderen Reihe von Entsprechungen der Planet Neptun zugeschrieben, der sozusagen der Vize-Regent von Nuit ist, der Personifizierung des unendlichen Raums. Er ist daher abgeschieden, allein, verloren in Träumen, Träumereien, Bestrebungen und Heiligkeit- über kosmische Dinge, weit über und jenseits der kleinlichen, gemeinen Dinge der Erde nachgrübelnd. Auch hier wird das höchste der Chakren, das Sahasrara, erwähnt, das von erleuchteten Weisen mit einer wunderschönen Lotusblume mit tausendundeinem Blütenblatt verglichen wird.

Beim Abstieg in Richtung Manifestation und Materie fügt die Yechidah sich selbst ein kreatives Vehikel idealer Natur hinzu, Chiah, das der Wille oder kreative Impuls der ursprünglichen Sichtweise ist. Sein theosophischer Titel ist Buddhi, das direkte spirituelle Vehikel von Atma. Der vedantische Begriff ist Anandamayakosa, die Hülle der Glückseligkeit; und im Raja Yoga ist es Karanopadhi oder das kausale Instrument oder Vehikel. Sein Chakra oder astrales Nervenzentrum ist das Ajna. Es hat zwei Blütenblätter und befindet sich im Schädel in oder nahe

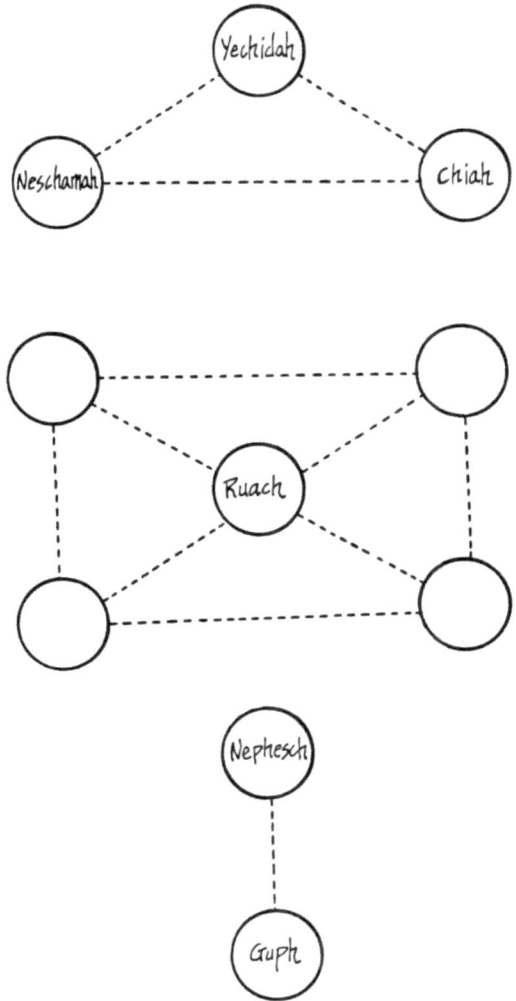

Abbildung 7
DIE KONSTITUTION DES MENSCHEN.

der Zirbeldrüse, von der einige Okkultisten behaupten, sie sei ein verkümmertes drittes Auge, das physische Organ wahrer spiritueller Hellsichtigkeit oder Intuition.

Sein Planet ist Uranus, der den Altruismus und die magische Kraft im Menschen symbolisiert, die zu namenlosem Bösen wie auch zu Gutem fähig ist, aber dennoch lebenswichtig und notwendig für sein Wesen ist; außerdem ist sie zur Erlösung fähig, und wenn sie erlöst wird, ist sie die größte Kraft für das mögliche Gute.

Der dritte Aspekt des unsterblichen Wesens ist Neschamah oder Intuition, die Fähigkeit, den Willen der Monade zu verstehen. In der Theosophie ist dies das Höhere oder Buddhi-Manas, das zusammen mit Atma-Buddhi der Gott von hohem und edlem Rang ist, der in den rohen Formen der frühen Menschenrassen inkarniert, um sie mit Verstand auszustatten. Die Manasaputras haben sowohl solare als auch merkuriale Verbindungen. Die Vedantisten nennen dieses Prinzip Vijnanamayakosa, die Hülle des Wissens; und sein entsprechendes Chakra im Yoga ist das Visuddhi, das sich angeblich im feinstofflichen Körper auf der Wirbelsäule an einem Punkt gegenüber dem Kehlkopf befindet.

Diese Dreifaltigkeit der ursprünglichen spirituellen Monade, ihres kreativen Vehikels und der Intuition bilden eine synthetische, integrale Einheit, die philosophisch als das transzendentale Ego bezeichnet werden kann. Es ist eine Einheit in einzigartiger Weise, und seine Attribute werden in den drei hinduistischen Hypostasen zusammengefasst, die vielleicht eher auf die Sephiroth zutreffen als auf die Teile des Menschen, auf Sat, Chit, Ananda; Absolutes Sein, Weisheit und Glückseligkeit.

„Unterhalb" des wahren Menschen existiert der Teil von ihm, der vergänglich ist – das sogenannte niedere Selbst. „Unten" und „niederer" werden offensichtlich in einem metaphysischen Sinn verwendet, und der Leser darf sich nicht vorstellen, dass die hier aufgezählten Teile des Menschen übereinanderliegen wie beispielsweise die Schichten einer Zwiebel. Sie alle durchdringen sich gegenseitig und nehmen, soweit es den äußeren Raum betrifft, dieselbe Position ein. Der Aphorismus von Blavatsky bezüglich der vier Welten trifft hier vollkommen zu; diese verschiedenen Prinzipien sind in Übereinstimmung, aber nicht wesensgleich. Die oberen Sephiroth können als real und ideal betrachtet werden, und die sieben unteren als tatsächlich, und man kann sagen, dass die Lücke zwischen der mentalen Vorstellung von ideal und tatsächlich dem Abyss entspricht, in dem alle Dinge potenziell existieren – aber ohne Bedeutung an sich. Der Abyss ist die Quelle aller Eindrücke und sozusagen das Lagerhaus der Phänomene.

Unterhalb des Abyss liegt der *Ruach*, der Intellekt, jener Teil des individuellen Bewusstseins, der Dinge wahrnimmt, sie begehrt und versucht, sie zu erreichen. Es ist eine Art „Maschine", die vom Selbst geschaffen, entwickelt oder erfunden wurde, um

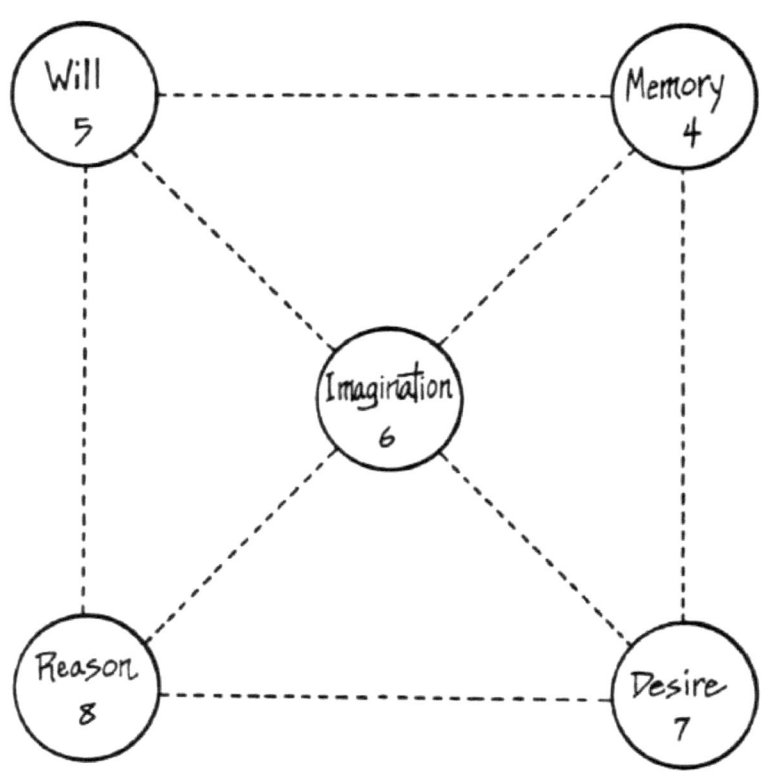

Abbildung 8
FAKULTÄTEN DES RUACH

die Natur des Universums zu erforschen. Es ist jener Teil des Selbst, der aus Empfindungen, Wahrnehmungen und Gedanken, Emotionen und Wünschen besteht. Blavatsky nennt dieses Prinzip Manas oder vielmehr niederes Manas – jenen Aspekt von Manas, der der karmischen Natur „am nächsten" ist; und im Vedanta ist es als Manomayakosa oder die mentale Hülle bekannt; die Raja Yogis verbinden damit mehrere der Eigenschaften des Nephesch und bezeichnen es als Sukshmopadhi oder feinstofflichen Körper. Sein Astralchakra ist das Anahata, das im oder in der Nähe des physischen Herzens existiert.

Der *Ruach* besteht aus dem vierten, fünften, sechsten, siebten und achten Sephiroth, die jeweils Gedächtnis, Wille, Vorstellungskraft, Verlangen und Vernunft sind.

Das Gedächtnis ist der eigentliche Stoff des Bewusstseins. Es ist, um eine Redewendung zu verwenden, der Mörtel der Architektur des Geistes, diese integrierende Fähigkeit, die alle verschiedenen Empfindungen und Eindrücke zusammenhält. Der Wille ist ein farbloses Prinzip, das vom Verlangen bewegt wird und mit diesem vergleichbar ist. Es ist die Kraft des spirituellen Selbst in Aktion. Im gewöhnlichen Leben ist es nicht, wie es sein sollte, der Diener des Menschen, sondern regiert ihn mit eiserner Rute und bindet ihn an genau die Dinge, denen er zu entkommen versucht.

Die Vorstellungskraft ist eine Fähigkeit, die oft missverstanden wird, da die meisten Menschen sie für reine Fantasie halten, die beim Tagträumen verwendet wird. In Wirklichkeit ist sie jedoch die Königsfähigkeit, denn zusammen mit dem Willen ist sie das überaus wichtige Prinzip, das bei Operationen der Magie oder der praktischen Kabbala verwendet wird.

Emotion oder das theosophische Prinzip des Karmas (das "Es" von Sigmund Freud) ist das Element des Verlangens oder der Emotion, das entweder vollständig von *Nephesch* beherrscht oder von *Neschamah* kontrolliert werden kann.

Wir haben uns bereits in einem früheren Kapitel mit der Denkfähigkeit des Ruach befasst – „Der Grube". In seinem Werk „*Ocean of Theosophy*" schrieb William Quan Judge, einer der frühen Gründer der Theosophischen Gesellschaft und Mitarbeiter von Madame Blavatsky, dass Vernunft und die kalte logische Fähigkeit nur der niedrigste Aspekt von Manas sind. Und das wird durch den Bezug auf den Baum des Lebens deutlich. Vernunft ist lediglich die achte Sephira. Die höheren Teile des *Ruach* sind eine Vorstellung, die, wenn sie zusammen mit dem Willen vergeistigt werden, zu den beiden Fähigkeiten von größter Bedeutung werden, soweit es um Magie geht, wie oben gesagt. Aber sie sind immer noch *Ruach*. Ihre spirituellen Äquivalente sind Chokmah und Binah, Weisheit und Verständnis; oder Chiah und Neschamah, das wahre kreative Selbst und das intuitive Selbst. Die Annahme, dass *Ruach* der niedrigste Aspekt des Denkers ist, wird durch die Geschichte der Philosophie bestätigt. Bei der Analyse erscheint das Wesen des Intellekts genauso unzugänglich, wie die Natur externer Körper und einige Philosophen, die diese Tatsache beobachten machen die Erfahrung, dass der Geist nur eine Abfolge von Bewusstseinszuständen und eine damit verbundene Einrichtung verschiedener Beziehungen ist, sehen die Existenz der Seele als nicht bewiesen an – und verwechseln dabei die Idee einer Seele mit dem Instrument des Geistes, dessen sie sich bedient. Sowohl Hume als auch Kant haben ihre inhärente, selbstwidersprüchliche Natur aufgezeigt, aber ersterer hat kein permanentes, integrierendes Prinzip erkannt, das durch die Eindrücke hindurch reicht. Er argumentierte daher – mit seinem *Ruach*, der nicht in der Lage ist, zu einem solchen Punkt zu argumentieren, da seine Natur widersprüchlich ist –, dass die Seele, die weder Eindruck oder Empfindung ist, noch eine Entität, auf die man zeigen und sie bei der Selbstbetrachtung zur Analyse festhalten kann, nicht existiere, wobei er die ganze Zeit über vergaß oder sich vielleicht nicht bewusst war, dass es die Seele ist, oder wie die Kabbalisten sagen würden, der wahre Mensch über dem Abgrund, der sich selbst beobachtet und den Inhalt seines eigenen *Ruach* untersucht.

Der *Ruach* ist das falsche oder empirische Ego. Es ist der Teil von uns, der sich selbst „Ich" nennt, und er ist genau das Prinzip, das nicht „Ich" ist. Seine Stimmungen ändern sich im Laufe der Jahre. Mehr noch, sein Inhalt ändert sich von einer Minute auf die andere. Die Zerstörung der glanzvollen Fesseln, die der *Ruach* über uns ausübt, um so das Licht der *Neschamah* und der höheren Prinzipien durchscheinen zu lassen und unseren Geist und unser tägliches Leben zu erhellen, ist eine der wichtigsten Aufgaben der Mystik. Tatsächlich ist die Verleugnung dieses falschen Egos (*bitol hoyesh*) die wesentliche Erfüllung aller spirituellen Entwicklung.

Einige Kabbalisten postulieren eine Sephira namens Däath oder Wissen als Kind von Binah und Chokmah oder als Sublimation von *Ruach*, die im Laufe der Evolution des Menschen als entwickelte Fähigkeit im Abyss erscheinen soll. Es ist jedoch eine falsche Sephira, und der *Sepher Yetsirah* warnt uns im Vorfeld eindringlich: „Zehn sind die unbeschreiblichen Sephiroth. Zehn und nicht neun. Zehn und nicht elf. Verstehe mit Weisheit und begreife mit Sorgfalt." Es ist eine nichtexistierende Sephira, weil Wissen, wenn man es untersucht, als Nachfahre von Ruach dasselbe Element des Selbstwiderspruchs und der Zerstreuung und damit der Selbstzerstörung enthält, da es sich im Abyss befindet.

Es ist falsch, denn sobald Wissen kritisch und logisch analysiert wird, zerfällt es in Staub und Sand des Abgrunds. Die Einheit der verschiedenen Fähigkeiten, die gerade erwähnt wurden, umfasst jedoch das *Ruach*, das menschliche Seele genannt wird. Das nächste Prinzip ist *Nephesch*, die grobe Seite des Geistes, das lebenswichtige Element, das mit Guph, dem Körper, in Einklang steht und die Triebfeder aller Instinkte und Verlangen des physischen Lebens ist. Es ist die animalische Seite der Seele, jenes Element, das am meisten mit den materiellen Kräften des äußeren, tatsächlichen Universums in Kontakt kommt.

Nephesch ist in Wirklichkeit ein duales Prinzip, dessen zwei Aspekte aus (a) dem bestehen, was die Hindus Prana nennen, dem elektrischen, dynamischen und belebenden Element, das Leben ist; und (b) dem Astralkörper (Tselem). Sie werden in der Kabbala unter dem Titel *Nephesch* zusammen betrachtet, da die Wirkung von Prana ohne das Medium des Astralkörpers unbekannt und unmöglich ist. Es gibt einen Abschnitt im Sohar, der sich mit den Gewändern befasst, mit denen die Seele oder das Unkörperliche bekleidet ist, und dort wird vom Astralkörper in sehr eigentümlichen Begriffen gesprochen: „Ein äußeres Gewand, das existiert und nicht existiert; gesehen und nicht gesehen wird. In dieses Gewand ist *Nephesch* gekleidet und sie geht und fliegt darin hin und her in der Welt.“

An einer anderen Stelle finden sich unmissverständliche Postulate des Astralkörpers:

„Im Buch König Salomons ist zu finden: Dass zur Zeit der Vollendung der Vereinigung hier unten, der Heilige, gesegnet sei Er, eine *Deyooknah* sendet, ein Phantom oder Schattenbild, das einem Menschen gleicht. Es ist nach dem göttlichen Bild (*tselem*) geformt... und in diesem *tselem* wird das Kind des Menschen erschaffen... in diesem *tselem* entwickelt es sich, während es wächst, und mit diesem *tselem* verlässt es wiederum dieses Leben.“

Das Postulat des Astralkörpers ergibt sich aus der Überlegung, dass wir im physischen Körper ein „Etwas" außerhalb der Materie finden; etwas, das sich zwar verändert, aber zweifellos ein und dasselbe von der Geburt bis zum Tod ist.

Das *Nephesch* ist in Yesod, ☽ Luna, die Grundlage, deren Attribut Stabilität im Wandel ist. Dieses „Etwas", auf das Bezug genommen wird, ist das *Nephesch*, aus dem der physische Körper geformt ist, denn die Kabbala betrachtet den Körper als vergänglich und in einem Zustand ständigen Wandels begriffen. Er ist von einem Moment auf den anderen nie derselbe und hat innerhalb eines Zeitraums von sieben Jahren einen völlig neuen Satz von Partikeln. Aber trotz dieses ständigen Abwerfens von Atomen usw. gibt es etwas, das von der Geburt bis zum Tod bestehen bleibt und sein Aussehen nur wenig ändert, sondern gleich bleibt und dem Körper während seines Lebens ein mehr oder weniger gleichbleibendes Erscheinungsbild verleiht. Dieses astrale Double oder der Lichtkörper, wie er auch genannt wird, besteht aus Materie in einem völlig anderen Zustand als der physische Körper, da er subtil, magnetisch und elektrisch ist. Der *Nephesch* bildet eine Verbindung zwischen dem Körper und dem *Ruach*, und wenn wir versuchen, uns in unseren eigenen Gedanken das Bild eines Menschen von der Geburt bis zum Tod vorzustellen, ein Bild, das alle Merkmale und Besonderheiten der Kindheit, Reife und Senilität umfasst, über alle Zeit hinweg, wird dieses Konzept die Idee eines Astralkörpers oder des Pranamayakosa des Vedanta vermitteln.

Das Prinzip von Guph, dem physischen Körper, wird Malkuth, dem Königreich, der Sphäre der vier Elemente, zugeschrieben und ist zu bekannt, um einen Kommentar oder eine Beschreibung zu erfordern. Ich muss nur hinzufügen, dass der vorherrschende Einfluss der Seele auf den Körper, der Körper, der in allen seinen Teilen vom wahren Menschen durchdrungen und durchströmt wird und von ihm als Quelle seines Lebens abhängig ist, die Implikationen der Soharischen Ideen der Seele sind. Der *Sepher Yetsirah* führt eine Reihe von ausführlichen Zuschreibungen an den Baum auf, in denen die verschiedenen körperlichen Funktionen des Menschen erwähnt werden, doch sind diese für unseren gegenwärtigen Zweck nicht von großer Bedeutung.

Ich habe es unterlassen, hier die verschiedenen Probleme und Lehren der sogenannten doktrinären Kabbala zu diskutieren, wie etwa die Evolution des Universums und des Menschen, Reinkarnation und Verursachung in Bezug auf die Vergeltung, da es sinnlos wäre, sich mit einer Darlegung dieser Punkte zu befassen, da ich ursprünglich die Unfähigkeit des Ruach, mit solchen Problemen angemessen umzugehen postuliert hatte. Dies gilt insbesondere für die Soharischen und postSoharischen Vorstellungen von *Gilgolem*, Reinkarnation. Die kabbalistische Literatur zu diesem Aspekt der esoterischen Lehre ist durch viel loses Denken und ungerechtfertigte Annahmen gekennzeichnet, und ich bin stärker denn je davon überzeugt, dass man nur durch ein tiefgründiges und gut verinnerlichtes Wissen über vergleichende Philosophien und esoterische Lehren wie z.B. aus Rabbi Isaac Lurias *Gilgolem* irgendeine Bedeutung oder intellektuelle Befriedigung, gewinnen kann. Auf jeden Fall können diese und mehrere andere Lehren, die oben bereits erwähnt wurden, nur von jemandem gelöst und verstanden werden, der zu einem Verständnis seines Wahren Willens gelangt ist und sich selbst als unsterbliches Wesen erkennt, als einen Stern, der ungehindert seinen Weg von Ewigkeit zu Ewigkeit durch die unendlichen Himmel verfolgt – und zwar nicht nur auf rationale Weise, sondern als Ergebnis des *esh hoRuach,* einer rein intuitiven und spirituellen Erfahrung.

KAPITEL SECHS

DIE WÖRTLICHE KABALAH

IN den vorangegangenen drei Kapiteln, die eine kurze Beschreibung des von den Kabbalisten verwendeten, philosophischen Alphabets geben, wurde eine Reihe von Entsprechungen, die einen Vergleich äußerst unterschiedlicher Themen verkörpern, systematisch unter die Kategorie jedes Buchstabens dieses Alphabets gestellt, wodurch das Studium und das Auswendiglernen einfacher wird, als es sonst der Fall wäre. Es ist wichtig, noch einmal die Tatsache zu betonen, dass nur sehr wenig Nutzen daraus gezogen wird, wenn diese Zuschreibungen nicht zumindest teilweise auswendig gelernt und eine Reihe neuer Entsprechungen aus dem separaten Wissensschatz hinzugefügt werden, der jedem Schüler zur Verfügung steht. Der Baum muss im eigenen Geist wachsen, sodass seine obersten Äste, obwohl seine Wurzeln fest in der Erde des eigenen Körpers verankert sind, hoch aufragen und sanft schwanken, hin und her getragen von schwachen Zephyr-artigen Brisen der spirituellen Reiche. Es werden nun einige Methoden zur Anwendung kabbalistischer Ideen demonstriert, wobei der Leser fest im Auge behalten sollte, dass jedem Buchstaben eine Zahl, ein Symbol und eine Tarotkarte zugeordnet sind. Die Rabbis, die ursprünglich an der Kabbala arbeiteten, entdeckten so viel Interessantes und Wichtiges hinter dem bloß oberflächlichen Wert von Zahlen und von Wörtern, die diese Zahlen verkörpern und darstellen, dass sie nach und nach eine ausgefeilte Wissenschaft numerischer Konzepte entwickelten, die von der Mathematik als solcher völlig getrennt war. Sie entwickelten verschiedene Methoden der Zahleninterpretation, um in erster Linie die verborgene Bedeutung ihrer Schriften zu entdecken.

GEMATRIA

Die erste Methode heißt Gematria, abgeleitet von einer griechischen Wurzel, die die Bedeutung von durch Buchstaben dargestellten Zahlen angibt. Gematria ist daher die Kunst, die geheime Bedeutung eines Wortes mithilfe der numerischen Äquivalente jedes Buchstabens zu entdecken. Die Vorgehensweise beruht auf der Tatsache, dass jeder hebräische Buchstabe einen bestimmten numerischen Wert hat und tatsächlich anstelle einer Zahl verwendet werden kann. Wenn die Gesamtzahl der Buchstaben eines Wortes mit der eines anderen Wortes identisch war, unabhängig davon, wie unterschiedlich seine Bedeutung und Übersetzung war, wurde eine enge Übereinstimmung und Analogie festgestellt.

Zum Beispiel ergibt das Wort נָחָשׁ Nāḥāš, eine „Schlange“, 358: שׁ 300 + ח 8 + נ 50 = 358. Auch משיח Messias ergibt 358 ! ח 8 + י 10 + שׁ 300 + מ 40 = 358. Theoretisch könnte man sagen, dass eine gewisse Beziehung besteht, aber das Problem ist, wie diese Beziehung entdeckt werden kann.

Die Schlange ist ein Symbol der Kundalini, der spirituellen schöpferischen Kraft in jedem Menschen, die, wenn sie durch einen geschulten Willen geweckt wird, das gesamte Individuum neu erschafft und es zu einem Gottmenschen macht. So nannten sich die Eingeweihten des alten Indiens Nagas oder Schlangen, und daher auch die Schlangenanbetung (weit mehr als bloßer Phallizismus) in allen Ländern aller Zeiten, die für Archäologen je ein Problem war. Das Wort Naga oder Naja wird, so wurde mir mitgeteilt, auch auf einigen Keilschrifttafeln in den alten Tempeln Ägyptens entdeckt, auf denen Osiris, der Sonnengott, gepriesen wurde, als er aus der Urtiefe aufstieg. Der Neophyt wurde während seiner Initiation, als er osirisiert und in eine drei Tage andauernde tiefe Trance versetzt wurde, mit Ruhm gekrönt, als die Sonnenstrahlen das Kreuz erhellten, an das er gefesselt war, und erhielt eine Kopfbedeckung mit einem Uräus Naja, einem Symbol kosmischer Bedeutung und spirituellen Wissens.

Wenn wir außerdem die Ziffern 3, 5 und 8 addieren, erhalten wir 16. Wenn wir die Entsprechungen des sechzehnten Pfades nachschlagen, finden wir dort mehrere Zuschreibungen, die zur Erbauung beitragen können. Es ist der „Sohn" des Tetragrammatons-Dionysius-Zagreus; und Parsifal, der zum Hierophanten oder Messias geworden ist, der die Mysterien der Existenz lösen und das Wunder der Erlösung vollbringen kann.

Wir sehen also die spezifische Analogie zwischen den Wörtern „Schlange" und „Messias", die die Kabbala enthüllen konnte.

In Bezug auf den Pfad des Shin wurde dort erklärt, dass die allgemeine Bedeutung dieses Pfades die des Herabsteigens des Heiligen Geistes sei. Abgesehen von allen anderen bereitgestellten Informationen, wie können wir eine solche Schlussfolgerung bestätigen?

Die hebräischen Wörter רוּחַ אֱלוֹהִים, Ruach Elohim können mit „Der Geist der Götter" übersetzt werden. Durch Gematria wird sein numerischer Wert auf 300 festgelegt. Der numerische Wert des Buchstabens Shin wurde ebenfalls mit 300 angegeben, und wir sehen daher, dass sie identisch sind.

Es gibt eine andere Methode, die Prozesse der Gematria auf leicht unterschiedliche Weise anzuwenden. In ihrer Geheimlehre schreibt Blavatsky, dass Fohat das vitalisierende elektrische Prinzip ist, das den Kosmos belebt und antreibt, wobei Magnetismus und Elektrizität seine rein irdischen Phänomene sind. Ein Vergleich von Beschreibung und Erklärung ergibt, dass Fohat in Funktion und Qualität sehr ähnlich zu Shakti ist, das bereits als Binah, unsere dritte Sephira, bezeichnet wurde. Aber es gibt noch eine andere Möglichkeit, zu dieser Zuordnung zu gelangen, selbst wenn wir keine Beschreibung einer bekannten Qualität finden könnten, die bereits in unserem Baum steht und mit der wir sie vergleichen könnten.

Ins Hebräische transkribiert würde Fohat folgendermaßen geschrieben: פוהאת. Die Gematria hierfür wäre ת 80 + א 70 +
ה 5 + ו 1 + פ 9 = 165. Das hebräische Wort תזהי ם Chazokim, das
Stärke oder Energie bedeutet, hat ebenfalls den Zahlenwert 165.
ם 40 + י 10 + ק 100 + ז 7 + ח 8=165. Somit wird eine Verbindung
zwischen Fohat und der Idee von Stärke oder Energie hergestellt,
und allein daraus könnten wir annehmen, dass Fohat kriegeri-
schen Charakter hatte.

Wir können in unserer Anwendung der Einzelheiten unseres philosophischen Alphabets noch weitergehen. 1 +6 +5 =12.
1 +2 ergibt 3, die Zahl von Binah, der, wie wir gesehen haben,
Shakti zugeschrieben wurde.

Eine weitere Möglichkeit, Fohat zu buchstabieren, ist
פהאפ. Sein Wert ist פ 80 + ה 5 + א 1 + ט 9 =95, dies ist die Zahl
des hebräischen Wortes זזמים HaMayim, das Wasser bedeutet.

Das Große Meer wurde bereits zuvor als eine der Entsprechungen von Binah erwähnt, und Binah ist nicht nur Shechinah, der
Heilige Geist, sondern auch Sakti.

Durch Addition der Ziffern 9 und 5 erhalten wir 14. Das
hebräische Wort דוד „Dod" ist gleich ד 4 + ו 6 + ד 4 =14. Seine
Bedeutung ist Liebe, was natürlich mit der Großen Mutter har-
moniert, und wir könnten es als Teil der Bedeutung von Fohat
annehmen. Seine Liebe kann als eine Form von Magnetismus

ausgelegt werden, die sich als Kohäsion und Anziehung zwischen den Objekten und Partikeln der phänomenalen Welt manifestiert.

Nachdem der Autor das Obige geschrieben hatte, bezog er sich auf den Abschnitt der *Geheimlehre*, der sich mit Fohat befasst, und entdeckte, dass Blavatsky Eros, den jungen Gott der Liebe, als Entsprechung von Fohat angibt! Der Autor hatte diese Tatsache völlig vergessen, als er dieses Wort anhand der Zahl untersuchte. Darüber hinaus schreibt Blavatsky an anderer Stelle, dass Fohat im Kosmos das ist, was Kama, das Prinzip des individuellen Verlangens oder der Leidenschaft, im Kosmos ist. der Mikrokosmos. Die Symbole sind daher perfekt aufeinander abgestimmt.

Aber wir können noch weitergehen. 1 plus 4 ergibt 5. Fünf ist die Sphäre von Geburah oder ♂ Mars. Der Leser wird sich erinnern, dass diese Sephira das Binah zugeschriebene Kraftelement auf einer niedrigeren Ebene wiederholt.

Das kann auf andere Weise bewiesen werden, indem man jeden Buchstaben des Wortes einzeln analysiert. פ F ist ♂ Mars mit seiner impliziten Konnotation von Stärke und roher Energie. ע O ist Priapus, der griechische Gott der sexuellen Fruchtbarkeit und Fruchtbarkeit. ה H ist ♈ Widder, in dem ♂ Mars erhöht ist. Seine Tarot-Zuschreibung war der *Herrscher*, in dem das Symbol des Schwefels oder das Hindu-Gunam des Rajas verborgen gefunden wurde. צ A ist Thor mit seinem Hakenkreuz, der Donner und Blitze vom Himmel schleudert. Aleph, oben, ist die wirbelnde Kraft des Primum Mobile, die kosmischen Staub in den Spiralnebel formt, ʊ T ist ♌ Leo, der Löwe, mit seiner Tarot-Zuordnung von VIII-Stärke. Alle diese Entsprechungen wiederholen die allgemeine Bedeutung von Stärke und Kraft, die mit Blavatskys Beschreibung von Fohat übereinstimmt.

Das oben Genannte wird zeigen, wie die Kabbalisten vorgehen, um die Bedeutung eines Wortes zu entdecken, das zuvor eine unbekannte Größe war.

NOTARIKON

Die zweite Methode der Exegese, die in der Kabbala verwendet wird, ist Notarikon, eine Ableitung des *notarius*, was Kurzschriftschreiber bedeutet. Mit dieser Methode konstruiert man ein völlig neues Wort aus mehreren vorhandenen Wörtern, indem man die Anfangs- oder Endbuchstaben dieser Wörter verwendet und sie kombiniert. Alternativ kann man einen Satz bilden, indem man jeden Buchstaben eines bestimmten Wortes einzeln nimmt und zu einem anderen Wort erweitert.

Ein Beispiel sei gegeben. In Kapitel Eins wurde angemerkt, dass die Lehre der Kabbala als philosophisches System als „Chokmah Nistorah", das Geheime Wissen, bezeichnet wird. Indem wir den Anfangsbuchstaben jedes dieser beiden Wörter nehmen, erhalten wir חן Chén, ein hebräisches Wort, das „Gnade" bedeutet. Die Implikation ist, dass das Studium dieser geheimen Weisheit der Kabbala einen mit der Gnade oder Schechina der Götter im Himmel ausstattet.

Eine andere Möglichkeit besteht darin, die letzten Buchstaben zu nehmen, nämlich: הֶה, also „Fenster" und es zeigt, dass die Kabbala das Fenster ist, durch das man sich den wahren Sinn der Existenz vorstellen kann.

Darüber hinaus kann die frühere Methode der Gematria auf den Prozess oder die Ergebnisse von Notariqon angewendet werden. Die Nummerierung von Chen ist ה 8 + ן 50 =58, was der numerische Wert von הילי Chili ist, einem Wort, das „Meine Stärke" bedeutet. Die kabbalistischen Lehren sind die Stärke und Unterstützung des inneren Lebens eines Menschen.

Heh ist gleich ה 5 + ה 5 =10. Es gibt ein Wort נכת Gevoh, übersetzt mit „Fliegen", das ebenfalls 10 ergibt. Der Leser kann all diese Bedeutungen und Ergebnisse zusammentragen; die Summe gibt ihm eine Vorstellung von der wahren Bedeutung des Zwecks des Geheimen Wissens.

Das Wort der Macht אגלא AGI,A, das so häufig in den Ritualen der Praktischen Kabbala verwendet wird, besteht aus den Anfangsbuchstaben der vier Wörter אַתָּה גְּבוֹר לְעוֹלָם אֲדֹנָי Atoh Gibor LeOlahm, Adonai;, die wir mit „Du bist für immer mächtig, mein Herr" übersetzen können.

Der Pfad von Kaf wurde als Hinweis auf die unendliche priapische Verschwendungssucht und Fruchtbarkeit der Natur erklärt. Es wurde auch gesagt, dass er das Rad der samsarischen Wiedergeburt darstellt, das uns halsstarrig von Existenz zu Existenz reißt. Diese Idee kann durch Notariqon erheblich erweitert werden. Kaf wird auf Hebräisch „כף" geschrieben. Der erste Buchstabe כ kann für das griechische Wort κτεις stehen und der letzte Buchstabe φ für φαλλος, was bedeutet, dass der Geschlechtsverkehr der Geschlechtsorgane das Instrument der unbesonnenen Verschwendungssucht der Natur ist, die uns für immer an das Rad der Existenz mit den damit verbundenen Lasten von Freude und Leid, Geburt und Tod fesselt. Das bekannte Wort Amen besteht aus den ersten Buchstaben der Worte, אל מלך נאמן „Herr, treuer König", mit denen das hebräische Gebet Schemah beginnt.

TEMURAH

Die dritte Methode heißt Temurah, was Permutation bedeutet. Die Buchstaben eines Wortes werden nach bestimmten Schemata transponiert und durch einen anderen Buchstaben davor oder danach im Alphabet ersetzt, wodurch ein völlig neues Wort entsteht.

Eine Methode, bekannt als Albam, besteht darin, das Alphabet zu nehmen und die letzte Hälfte wie folgt unter die erste Hälfte zu setzen:

183

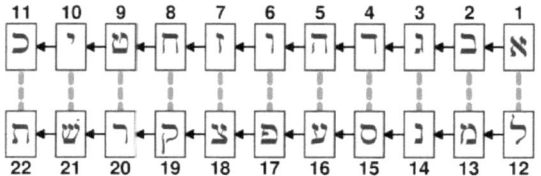

Es ergeben sich verschiedene Permutationen, denn die Buchstaben der oberen Reihe können durch die der unteren Reihe ersetzt werden und umgekehrt.

Ein interessantes Beispiel liefert ein Kabbalist, mit dem der Autor einigermaßen vertraut ist. Das Wort משיח Messiah ergibt, wenn es mit der oben erwähnten Permutationsmethode behandelt wird, das Wort בישק Bishak. Das M wird für B, das Sh für Y (oder I), das Y für Sh und das Ch für Q eingesetzt.

Da ich beim Schreiben kein hebräisches Wörterbuch zur Hand habe, kann ich nicht herausfinden, ob es ein hebräisches Wort wie ׀-׳˜. gibt. Aber ein wenig Kenntnis der hebräischen Grammatik und unserer kabbalistischen Entsprechungen wird genügen, und die Schwierigkeit ist bald überwunden.

Der erste Buchstabe ב B kann als Präpositionalpräfix mit der Bedeutung „in", „mit" oder „durch" ausgelegt werden, sodass die drei Buchstaben ישק Yishak übrig bleiben. Der Zahlenwert dieser Buchstaben ist 410, nämlich: י 10 + ש 300 + ק 100 = 410. Nun gibt es ein hebräisches Wort קדוש Qadosh, dessen Wert ebenfalls 410 ist und das „Heiliger" oder „Heiligkeit" bedeutet. Offensichtlich ist dies im Einklang mit unserem ursprünglichen Wort „Messias", denn wird der Messias nicht in Heiligkeit und Unantastbarkeit kommen?

Kurze Zeit nachdem die obige Passage geschrieben wurde, hatte der Autor Gelegenheit, ein hebräisches Lexikon zu konsultieren, in dem er viele bestätigende Informationen entdeckte; dass יֵשֵׁק in erster Linie als Verb im Futur, dritte Person Singular, betrachtet werden kann und aller Wahrscheinlichkeit nach von der Wurzel abgeleitet ist, die „brennen, anheizen oder anzünden" bedeutet.

Alle diese Wörter stehen sehr im Einklang mit der allgemeinen Bedeutung des Messias oder Adepten, der mit Heiligkeit kommt, denn diese Wörter symbolisieren die Tatsachen, die zum Zustand dessen gehören, der Gottmensch ist, des wiedergeborenen und erleuchteten Adepten. Denn in seinem Herzen ist seine Seele entzündet und auf seinen Brauen strahlt das sanfte Licht des Silbersterns – sein „Licht, das vor ihm leuchtet"; und über seinem Kopf brennt der tausend- und einblättrige Lotus des Sahasrara Chakra, auf den die Schechina herabgestiegen ist und in dem Adonai sich mit den Göttern vergnügt.

Die zuvor beschriebene Methode der Buchstabenanalyse hilft, die allgemeine Vorstellung zu klären. ב B ist ☿ Quecksilber, der Magier, der in seiner Hand den Zauberstab trägt, der göttlichen Willen und Weisheit repräsentiert. ' Y ist der tarotische Eremit; außerdem ist es das Symbol der Unschuld und spirituellen Jungfräulichkeit. ש Sh ist der Heilige Geist, sein göttliches Selbst, das in den thaumaturgischen Riten erfolgreich angerufen wurde. Q ק ist ﬡ Pisces, die Fische; sie repräsentieren die regenerierte Sexualkraft oder Libido, die in die Kundalini umgewandelt wird, von der uns Madame Blavatsky erzählt, dass sie eine elektrische spirituelle Kraft ist, die große, ursprüngliche schöpferische Kraft.

בישפ selbst ergibt die Zahl 412, wie folgt: פ 100 + ש 300 + ' 10 + ב 2=412. Die Wörter אֱלֹהִים יהשוה Yeheshua Elohim, übersetzt mit Yeheshua (oder Jesus) ist Gott, haben ebenfalls denselben Zahlenwert, 412. Die Übereinstimmung all dessen mit der Idee des Messias ist sicherlich sehr klar. Zahlreiche andere Beispiele, die sich hauptsächlich auf die Heiligen Schriften beziehen, wurden von den Kabbalisten mit mühevoller Sorgfalt und Einfallsreichtum ausgearbeitet. Ich zweifle jedoch, dass sie wichtig genug sind, um hier erwähnt zu werden.

An dieser Stelle sind einige Bemerkungen erforderlich, da der Name Jesus in dieses Werk eingeführt wurde. Es ist nicht der Wunsch des Autors, in den Strudel der Kontroverse über den Charakter oder die Natur von Jesus, dem für Christen heiligen Individuum, hineingezogen zu werden; ebenso wenig hat er die

Absicht, sich in Polemiken darüber zu verwickeln, ob Jesus tatsächlich gelebt hat, ob er ein großer Adept oder einfach ein Sonnenmythos war, wie viele Vertreter der höheren Kritik behaupten. Die Kabbala verwendet einfach den Namen יהשוה Yeheshua, weil er eine bestimmte Philosophie impliziert, die einige ihrer Hauptlehrsätze beschreibt. Dies ist ein Punkt, den man im Gedächtnis behalten muss. Der Name bezieht sich auf einen bestimmten Typ und nicht auf ein Individuum.

Die Buchstaben יהוה YHVH des Tetragrammatons werden verwendet, um die ganze Skala der vier Elemente zu bezeichnen. י Y als die schöpferische Funktion des archetypischen Reiches ist das Feuer, das Chiah; das erste ה H steht für den Kelch, das Symbol des passiven Charakters der schöpferischen Welt, und das Wasser ist die Neschamah; ו V ist der Sohn, der aktive Stellvertreter des Vaters, und die Luft ist der Ruach; und das letzte H ה ist die Nephesch; die passive, empfängliche Erde, die alle Dinge befruchtet.

Das ganze Wort, das die Gesamtheit dieser Erklärungen umfasst, wird von der Kabbala so konzipiert, dass es den unverbesserlichen Menschen darstellt, der ganz in seinem Körper lebt, isst, trinkt, kopuliert usw. Das göttliche Selbst oder die Yechidah ist in ihm noch nicht erschienen. Im Laufe der Praxis der Meditation und der praktischen Kabbala wird angenommen, dass ein

Mensch sich so regeneriert und reinigt, dass er sich dem Heiligen Geist öffnet, der ihn vollständig revitalisiert und in ihm ein lebendiges Zeugnis des fleischgewordenen Wortes darstellt.

Der Heilige Geist oder die Schechina wird, wie wir bereits festgestellt haben, durch den Buchstaben ש Shin symbolisiert. Wenn ein Mensch daher das spirituelle Selbst, seinen heiligen Schutzengel, angerufen und zu seinem Wissen und seiner Konversation gelangt ist, wird der Vorgang als Abstieg des Buchstabens ש Shin in die Mitte des elementaren Namens des יהוה Tetragrammatons beschrieben, wodurch ein neues Wort יהשוה Yeheshua, das Pentagrammaton, das Symbol eines neuen Wesens, des Adepten oder Zaddik, gebildet wird, in dem die Geburt des Geistes die grundlegenden und unerlösten Elemente der Materie ins Gleichgewicht gebracht hat

Es gibt offensichtlich keine christliche Voreingenommenheit in dieser Interpretation, die als grafische Beschreibung dessen verwendet wird, was als eine reale Tatsache in der mystischen Erfahrung angesehen wird, ohne den geringsten Bezug auf die zentrale Figur des Neuen Testaments zu nehmen. Ich mache diese Bemerkung, um diejenigen meiner Leser zu beruhigen, die jüdischer Überzeugung sind.

Nachdem ich auf das Pentagramm Bezug genommen habe, sollte ich mir vielleicht eine kleine Erklärung seiner Bedeutung gönnen. Die Zuschreibungen in Bezug auf die tatsächliche geometrische Figur lauten wie folgt:

Das Yod steht für Feuer; das ursprüngliche He ist Wasser; Shin, der krönende Punkt ist die Shechinah, der Heilige Geist; Vav ist Luft; und He ist schließlich Erde, die Synthese aller anderen Elemente und Prinzipien. Das Symbol ist daher eines, das die gesamte Konstitution des Menschen bezeichnet. Diejenigen meiner Leser, die mit den Vorgängen der zeremoniellen Magie vertraut sein mögen, insbesondere mit dem, was mit dem Wahrsagen in der Geistervision zusammenhängt, werden sich an die Macht dieses fünfzackigen Sterns erinnern, die Geister der Astralebene nach Belieben anzurufen oder zu verbannen. Dass er dies tatsächlich tut, ist letztendlich darauf zurückzuführen, dass er ein sehr angemessener geometrischer Inbegriff eines vollständig erleuchteten Menschen ist, des Zaddik oder Adepten, als den es im Universum kein mächtigeres Wesen gibt.

•   •   •   •   •   •

Die kleinen grammatikalischen Vorschläge, die in Bezug auf die hebräischen Buchstaben gemacht werden, sind ebenfalls sehr wichtig. Ich werde ein Beispiel geben, um die Idee zu veranschaulichen.

Ein Kabbalist mit enormem Wissen versuchte, den Namen eines bestimmten Menschen ins Hebräische zu übersetzen, beispielsweise den Namen Aiwass. Dies ist natürlich weder der richtige Ort noch die Ursache für seinen Wunsch, diesen Namen auf Hebräisch zu erhalten und dennoch den *Zahlenwert* 418 zu haben. Hätte dieser Kabbalist, den der Autor sehr schätzt, von der Bemerkung gewusst, die in Bezug auf den Buchstaben des zweiunddreißigsten Pfades, ת Tav, gemacht wurde, wären ihm mehrere Jahre der Anstrengung erspart geblieben. Denn dieser Buchstabe wird ohne Dôgish als „S" ausgesprochen. Aiwass hätte folgendermaßen geschrieben werden müssen:

ת 400 + א 1 + ו 6 + ' 10 + א 1=418.

Diejenigen unter Ihnen, die mit der kabbalistischen Terminologie vertraut sind, werden auch bemerken, dass in diesem

Werk im Original **סְפִירוֹת** als „Sephiros " und nicht als „Sephiroth" wiedergegeben wurde. Der letzte Buchstabe wird am Ende eines Wortes nicht mit einem Dôgish ausgesprochen und kann es in der hebräischen Grammatik auch nicht. Seine Aussprache ist daher „S". Am Ende dieses exegetischen Kapitels über die Methoden von Gematría, Notariqon und Temurah ist es vielleicht ratsam zu erwähnen, dass diese Methoden für den sogenannten Durchschnittsmenschen wenig oder praktisch keinen wirklichen Nutzen haben. Sie werden hier nur aufgeführt, um diese Abhandlung einigermaßen verständlich zu machen. Dem aufmerksamen Leser ist vielleicht bereits klargeworden, dass es sehr wahrscheinlich ist, dass ich, was die Ergebnisse betrifft, das genaue Gegenteil der oben erzielten und dargelegten Schlussfolgerungen erzielen kann. Mit anderen Worten, diese Methoden scheinen rein willkürlich zu sein.

In diesem Zusammenhang erinnere ich mich jedoch an eine Aussage, die, wie ich glaube, dem Buddha zugeschrieben wird, nämlich, dass nur ein Arahat die Vortrefflichkeit des Dhamma vollständig begreifen kann. Die Bedeutung dieser Aussage gilt in gleicher Weise und mit noch größerer Betonung für die Kabbala. Der Autor ist von fester Überzeugung, und die meisten intelligenten Schüler werden ebenfalls zustimmen, dass nur ein Adept oder ein Zaddik, in dessen Herzen das Licht des Wissens und der Konversation seines Heiligen Schutzengels entzündet wurde, in der Lage sein wird, die drei hier demonstrierten

Prozesse auf korrekte Weise zu nutzen, das heißt auf eine Weise, bei der willkürliche Vorstellungen nicht stören. Denn der Adept wird die innere spirituelle Sicht haben, mit der er über den bloßen Buchstaben und die äußere Form des Gesetzes hinaussehen kann. Indem er sich im Glanz der Schechina und in der Offenbarung aalt, die ihm aufgrund dieser - was man sonst zu Recht als „Tricks" bezeichnen könnte - gewährt wird, wird er viel Wissen erlangt haben, das ihm auf dem Pfad hilft. Und dieser Pfad ist es, der für immer weitergeht. Sein Weg verläuft ohne Abweichungen vorwärts und vorwärts, aufwärts und aufwärts, zu jenem Ziel, das weder Anfang noch Ende, weder Anfang noch Ende hat, sondern ewig in jede Richtung und Dimension in die Unendlichkeit reist.

KAPITEL SIEBEN

DIE WÖRTLICHE KABALAH (Fortsetzung)

NACH dieser Beschreibung der zweiunddreißig Pfade der Weisheit und der Übersicht über die kabbalistischen Zahlenideen sollte es inzwischen selbst dem oberflächlichsten Leser völlig klar sein, dass sich das System umso mehr als Klassifizierungsmethode empfiehlt, je mehr Wissen jeder Art einem zur Verfügung steht und je größer die eigene Erfahrung ist. Es kann nicht deutlich genug betont werden, dass es nichts gibt, was nicht verstanden werden kann, da dies ein System zur Klassifizierung aller Ideen ist. Es wurde daher kein Versuch unternommen, hier eine große Anzahl von Entsprechungen anzugeben, da dies eine Aufgabe ist, die der individuellen Forschung überlassen werden muss. Dem Autor sei verziehen, dass er dies so oft wiederholt, aber es ist so wichtig, dass er jede Gelegenheit ergreift, um den Punkt klarzumachen.

Auf den ersten Blick mag das gesamte System des sephirothischen Baums mit den vielfältigen Entsprechungen, die als psychologisches oder spirituelles Klassifizierungssystem verwendet werden können, dem Leser völlig unverständlich erscheinen. Aber mit ein wenig ernsthafter Anwendung wird sich im Laufe der Zeit eine unbewusste Assimilation zeigen – analog zum Samen eines Baumes, der still und heimlich in den dunklen Tiefen von Mutter Erde Wurzeln schlägt. Wenn der Samen schließlich Triebe und Wurzeln gebildet hat, die nach Nahrung und etwas suchen, das er ergreifen und festhalten kann, schiebt sich der zarte Stiel nach oben zur Sonne, der Quelle des Lichts und des Lebens.

So ist es auch mit den Grundprinzipien der Kabbala. Zuerst sollte der ursprüngliche Keim der wenigen wichtigen Entsprechungen, auf denen die gesamte Überstruktur beruht, im Gedächtnis eingeprägt und zu einem integralen Bestandteil des täglichen Bewusstseins gemacht werden. Um das Studium zu erleichtern, sollte sich der Leser, der wirklich daran interessiert ist, sich selbst den unschätzbaren Wert des Lebensbaums als Klassifizierungsmethode zu beweisen, ein Tablett besorgen, das seinen sogenannten Karteikasten enthält. Dies ist in Wirklichkeit nur eine kleine Schachtel, in der sich eine Anzahl leerer Karten befindet. Diese sollten in mehrere Fächer unterteilt und von 1 bis 32 nummeriert werden. Jede in den vorhergehenden Kapiteln erwähnte Entsprechung sollte dann auf eine eigene Karte eingetragen und an die richtige Position unter der entsprechenden Nummer gelegt werden. Dann sollte der Schüler auf jeder Karte kurz die verschiedenen Fakten eintragen, die ihm hinsichtlich jeder dieser Zuschreibungen bekannt sind, und Schritte unternehmen, um ein tieferes Wissen über einige der neuen Punkte zu erlangen. Auf diese sehr praktische Weise wird er sein gesamtes Wissen in zweiunddreißig Abteilungen einteilen, und alle neuen Fakten, die er danach erhält, werden automatisch unter einer dieser Abteilungen gruppiert. Wenn diese Aufgabe vollständig erledigt ist, sollte er versuchen, in seinem eigenen Geist die in diesen zweiunddreißig Abteilungen mit ihren zahlreichen Fakten enthaltenen Informationen auf Zehn, die Zahl der Sephiroth, und schließlich auf Eins zu reduzieren.

Diese letzte Aufgabe wird viel einfacher, wenn man die Beziehung zwischen den Pfaden und den Sephiroth und die *Form* des Baumes selbst im Auge behält. Alle Zuschreibungen sollte der Leser sorgfältig *nachverfolgen* und mit jener harmonischen und symmetrischen Form in Beziehung setzen, die durch die zehn Sephiroth und die zweiundzwanzig Pfade gebildet wird. Er sollte sich auch an die dreieinige Natur jeder Einheit erinnern; sie empfängt von oben, behält und drückt ihre eigene Natur aus und überträgt den Einfluss auf das, was unten ist.

Dies ist die Grundlage, auf der alle weiteren Studien basieren müssen. Im Laufe der Studien sollte ein vollständigerer und verständlicherer Satz von Zuschreibungen in diesen ursprünglichen Hüllen abgelegt werden, und man wird beobachten, wie der Baum unter den eigenen Augen wächst.

Die Entsprechungen jeder Einheit können unbegrenzt erweitert werden, da jede Sephira und jeder untergeordnete Pfad so visualisiert werden können, als ob sie einen Lebensbaum in ihrer eigenen Sphäre enthalten, und daher zum Zweck einer genauaren und genaueren Analyse in zehn Unterteilungen unterteilt werden können. Der Baum selbst kann auch in jede der sogenannten vier Welten im kabbalistischen Evolutionsschema eingeordnet werden.

Das Sephiroth-Schema befasste sich ursprünglich mit den Mysterien der Evolution, und die Kabbalisten stellten sich die Evolution des Kosmos auf komplexe Weise vor. Durch eine Art Ausströmen oder Emanation von Ain wurden nacheinander vier Welten oder Bewusstseinsebenen geschaffen. Der Baum ist daher in vier verschiedene Bewusstseinsbereiche unterteilt, vier kosmische Ebenen, in denen der kreative Fluss oder pulsierende Strom des Lebens verläuft.

Die erste dieser vier kreativen Ebenen ist *Olam Atsilus*, die Welt der Emanationen oder die archetypische Welt. Die zweite ist *Olam Briah*, die kreative Welt. Die dritte ist *Olam Yetsirah*, die formgebende Welt. All das Obengenannte findet Ausdruck und dynamische Konkretion in *Olam Assiah*, der Welt der Handlung oder der materiellen Welt, die der *Sohar* als die beständige Wahrheit der harmonischen Zusammenarbeit aller Sephiroth betrachtet, wodurch das Universum in all seiner Ordnung und Symmetrie zu einer wahren und genauen Manifestation des göttlichen Gedankens der archetypischen Welt wird. Die Soharische Autorität für diese philosophische Auffassung findet sich in *Sohar*, I, 156 ff.:

„Alles, was auf der Erde existiert, hat sein spirituelles Gegenstück im Himmel, und es existiert nichts in dieser Welt, das nicht an etwas Oben gebunden ist und nicht von ihm abhängig ist."

„Alles, was in der unteren Welt enthalten ist, findet sich auch in seinem Prototyp. Das Untere und das Obere wirken wechselseitig aufeinander ein."

Diese Aufteilung wird auf zwei verschiedene Arten betrachtet. In der ersten Methode nimmt Kether - die Sphäre des Primum Mobile - allein die erste Ebene ein. Sie ist der Archetyp und Schöpfer aller anderen Sephiroth. Chokmah und Binah werden als die kreative Welt betrachtet, die Region der Ideenbildung und kosmischen Energetisierung, aus der sich die Welt der Gestaltung entwickelt, die aus dem vierten, fünften, sechsten, siebten, achten und neunten Sephiroth besteht. Die Welt der Gestaltung bildet die Astralebene, die verschiedene Grade feinstofflicher und elektrischer Materie und Energie umfasst. Das Ganze wird in der physischen Welt, Malkuth, der zehnten Sephira, synthetisiert, die in dieser Betrachtungsweise *Olam Assiah* ist.

Der Sohar übernimmt außerdem den Namen YHVH, das Tetragrammaton, und ordnet jeden Buchstaben dieses Wortes einer der vier Welten zu. Yod der archetypischen Welt, das erste He der schöpferischen Welt, Vav der formenden Welt und das letzte He der materiellen Welt.

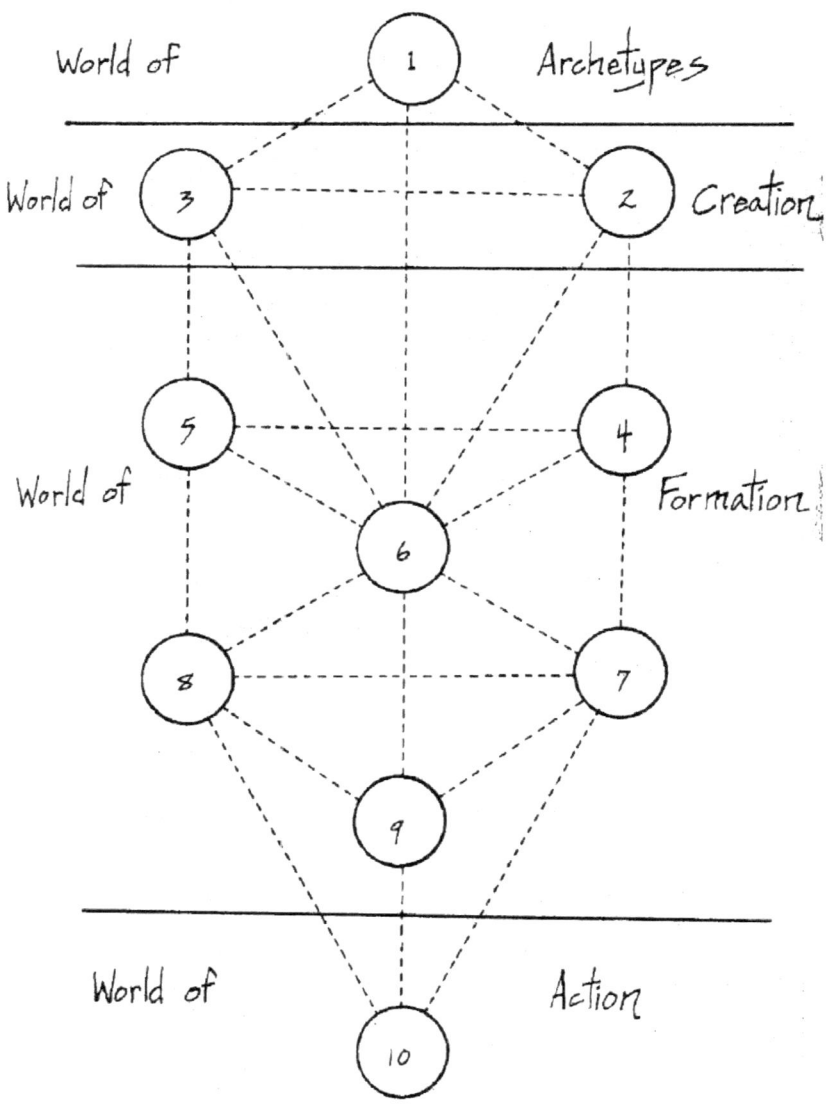

World of   1   Archetypes

World of   3   2   Creation

World of   5   4

6

World of   Formation

8   7

9

World of   Action

10

Abbildung 9
DIE VIER WELTEN AUF DEM BAUM

Bei der zweiten Methode platziert der Sohar einen ganzen Baum aus zehn Sephiroth in jeder der vier Welten. Die archetypische Welt ist die höchste, da sie absolut ideal ist. Sie ist die Ebene des göttlichen Gedankens, die kausale. Ebene der kosmischen Ideenbildung oder das Mahat der Blavatskyschen Theosophie.

Die zehn archetypischen Sephiroth projizieren sich in die Welt von Briah, eine weniger spirituelle und weniger abstrakte Ebene. Hier greifen die schöpferischen Kräfte der Götter die archetypischen Vorstellungen von Dingen auf und erweitern, beleben und entwickeln den Baum auf dieser bestimmten Ebene. Dies ist die eigentliche mentale Ebene, vergleichbar in ihrer kosmischen Konstitution mit der Vorstellung des *Ruach* oder des niederen Manas der Theosophie im Menschen. Die niedrigste Sephira in Atsilus wird so zum Kether in *Briah*, wie das beigefügte Diagramm zeigt, und der Malkuth von *Briah* wird zum Kether von *Yetsirah* und so weiter die Skala hinunter.

In der formativen Welt, die die Ebene der Astralkräfte ist, werden die Ideen noch weiter projiziert und hier in eine Entwurfs- oder Modellform aus elektrischer und magnetischer Materie gekleidet. Die Astralsubstanz ist eine allgegenwärtige und alles durchdringende Flüssigkeit aus einer äußerst subtiler Materie, aus einer Substanz in einem sehr dünnen Zustand, und im Prozess der weiteren Entwicklung erzeugt sie die materielle

Welt und fungiert als Substrat für diese, die eine Kopie der Astralwelt in dichterer und gröberer Materie ist.

Auf diese Weise erhalten wir, falls eine große Anzahl von Triaden für Vergleichszwecke erforderlich sein sollte – wie es beispielsweise für die Zuordnung der triadischen Kategorien der Hegelschen Philosophie zum Baum des Lebens erforderlich sein könnte – ein System von zwölf Triaden mit einem Pendant, einer dreizehnten Sephira in Assiah.

Die Tarotkarten wurden ebenfalls diesen vier Welten zugeordnet. Der Kartensatz besteht aus 22 Trümpfen, die dem hebräischen Alphabet zugeordnet sind; vier Farben mit jeweils 14 Karten, Stäbe, Kelche, Schwerter und Pentagramme. Die ersten zehn jeder Farbe wurden, wie wir bereits gesehen haben, den Sephiroth zugeordnet. Die restlichen vier in jeder Farbe sind die Hofkarten König, Königin, Prinz oder Ritter und Prinzessin oder Page und werden den Buchstaben des Tetragrammatons und den vier kreativen Welten zugeordnet.

In die Zeichnungen moderner Sets haben sich unbeabsichtigt eine Reihe von Fehlern eingeschlichen. Der König wird als passiv auf einem Thron sitzend dargestellt, und der Prinz oder Ritter als rittlings auf einem Pferd in vollem Galopp, aktiv seine Waffen schwingend. In Wirklichkeit müssten die Symbole umgekehrt sein, denn der König (der Demiurgos oder Macroprosopus in Kether),

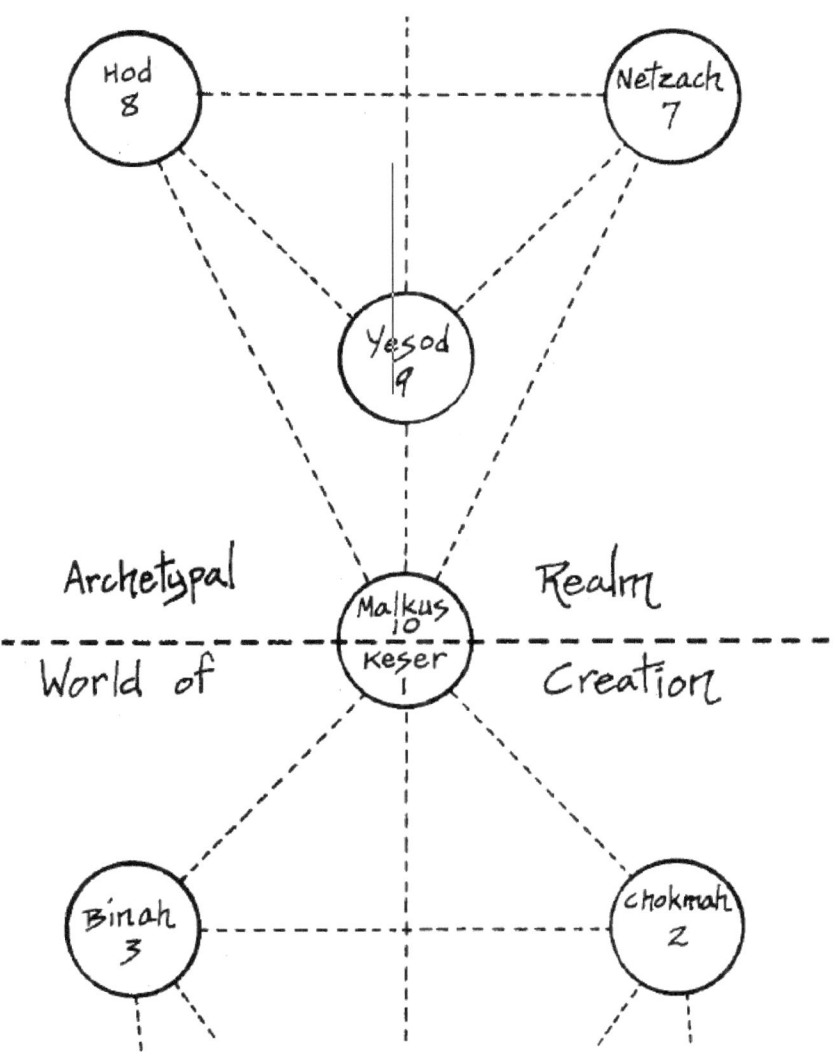

der *Olarn Atsilus* darstellt, ist kreativ und positiv und überträgt den Strom des Lebens an die Königin, die die Mutter *Olarn Briah* ist, die geduldig und passiv verharrt, während das Werk der Schöpfung in ihr fortschreitet. Der Prinz oder Ritter (der Microprosopus in Tipharas), der *Olarn Yetsirah* repräsentiert, hat eine ähnliche Funktion wie der König, befindet sich jedoch auf einer viel niedrigeren Ebene. Er empfängt die Ideen und die Kraft des Vaters von der Mutter, deren Eindrücke er wiederum an die Prinzessin oder den Pagen weitergibt, die die Jungfrau *Olarn Assiah* ist.

Auch die Namen der Prozesse beschreiben in hohem Maße die Natur der Welten. Der Zauberstab ist das magische Symbol des schöpferischen Willens, der die ursprünglichen archetypischen Ideen in *Olarn Atsilus* entwickelt. Sie werden in Olam Briah, die schöpferische Welt, projiziert, symbolisiert durch die Kelche. Der Kelch ist offensichtlich ein weibliches Symbol, passiv und empfänglich, begierig darauf, den männlichen Einfluss von oben zu empfangen. Das Schwert bezieht sich auf die formgebende Ebene, da das Schwert schneidet, formt und haut. Die Pentakel, aus Wachs geformt - ein Symbol der Erde, passiv und untätig – symbolisieren die Welt der Aktion und der Materie, in der die Kräfte der transzendenteren Ebenen ihr Manifestationsfeld haben. Hier ist ein Wort der Vorsicht geboten. Man sollte nicht annehmen, dass diese Welten räumlich oder zeitlich *übereinander* liegen. Dies ist nicht die Idee des Zohar.

Hier zeigt sich einer der Hauptnachteile schematischer Darstellungen. Sie sind Bewusstseinsbereiche, von denen jeder ein geeignetes Materievehikel besitzt, einige subtiler, andere dichter als die anderen. Blavatsky sagt, sie seien „in Übereinstimmung, aber nicht in Wesensgleichheit". Die Implikation dieses ziemlich eindrucksvollen Satzes ist, dass ihre Substanz nicht den gleichen Dichtegrad aufweist, obwohl sie räumlich dieselbe Position einnehmen können. Der Unterschied besteht jedoch in der Qualität der Materie, nicht in der Position im Raum.

In Bezug auf Methoden zur Betrachtung des Baums und seiner Form im Allgemeinen sind einige Bemerkungen angebracht. In Kapitel Drei wird der Leser anhand der Diagramme festgestellt haben, dass es drei Triaden von Sephiroth gab, die im Anhänger einer zehnten Sephira gipfelten, die Malkuth genannt wurde. Es gibt jedoch eine andere Möglichkeit, diesen Baum zu betrachten. Die Sephiroth ordnen sich in Säulen an, denn es gibt drei auf der rechten Seite, drei auf der linken Seite und vier in der Mitte.

Chokmah, Chesed und Netsach sind diejenigen auf der rechten Seite und bilden die sogenannte Säule der Barmherzigkeit, vergleichbar mit der Säule Yachin der Freimaurer. Binah, Geburah und Hod sind die Sephiroth auf der linken Seite und werden als Säule der Strenge bezeichnet – der freimaurerischen Boas. während die vier Sephiroth von Kether, Tipharas, Yesod und Malkuth, der Hauptstamm des Baumes, zusammen die mittlere Säule bilden.

Für den Leser wird sehr interessant sein, im Zusammenhang mit der mittleren Säule die Worte zu bemerken, die im Exodus in Bezug auf Aarons Stab oder Stab vom Mandelbaum verwendet werden. Die Wörter sind מטזז זזשהד *Matoh haShaked.* Durch Gematria wird der numerische Wert dieser beiden Wörter auf 463 festgelegt. Aus unserem vierten Kapitel geht hervor, dass 400 Tav ת ist, der zweiunddreißigste Pfad, der von Malkuth nach Yesod führt. 60 ist der Pfad von Samech ס, der von Yesod nach Tipharas führt. 3 ist der dreizehnte Pfad, Gimmel, der Tipharas direkt mit der Krone verbindet. Die ganze Idee des Zauberstabs von Aaron, dem Hohepriester, impliziert den Schaft, der die Sephiroth auf der mittleren Säule verbindet – eine gerade Straße vom Königreich zur Krone. An dieser Stelle könnte sich der Philosophiestudent die Frage stellen, ob sich die Kabbala in ein objektives oder subjektives Schema auflöst. Das heißt, ist die Welt, wie sie durch die fünf Sinne wahrgenommen wird, das Ergebnis der Kreativität meines spirituellen Egos und hat keine Existenz außerhalb meines eigenen Bewusstseins, oder betrachtet die Kabbala das Universum sowohl als subjektiv als auch als objektiv?

Ein Studium der kabbalistischen Ideologie und Entsprechungen würde einen zu der Annahme führen, dass sie die absolute Realität äußerer Dinge im objektivsten Sinne akzeptiert.

Es ist, wenn wir es benennen müssten, ein objektiver Idealismus. Alle unsere Wahrnehmungen sind weder ausschließlich solche des Egos noch dessen, was wahrgenommen wird; sie repräsentieren vielmehr eine bestimmte Beziehung und Wechselwirkung zwischen beiden. Wir können keine Eigenschaft eines Objekts als unabhängig von unserem Sinnesapparat bestätigen. Andererseits dürfen wir auch nicht annehmen, dass das, was wir wahrnehmen, mehr ist als eine teilweise Repräsentation seiner Ursache. Wir sind zum Beispiel nicht in der Lage, die Bedeutung von Ideen wie Bewegung zu bestimmen oder zwischen Raum und Zeit zu unterscheiden, außer in Bezug auf einen bestimmten Beobachter und eine bestimmte beobachtete Sache. Wenn beispielsweise während eines Experiments im Abstand von drei Stunden eine riesige Kanone zweimal abgefeuert würde, würde ein Sonnenwesen einen Unterschied von mehreren tausend Meilen im Raum zwischen den Schüssen feststellen, anstatt einen Zeitunterschied von drei Stunden. Wir sind jedoch absolut unfähig, Phänomene anders als durch die Sinne wahrzunehmen. Es wäre daher aus rein kabbalistischer Sicht völlig richtig anzunehmen, dass das Universum ebenfalls subjektiv ist, ohne im Grunde seine Objektivität zu leugnen. In Wirklichkeit muss ich jedoch vorsichtshalber eine Warnung hinzufügen, dass sich die Kabbala nicht mit der rationalen Lösung der Objektivität oder Subjektivität des Universums befasst. Sie ist in erster Linie, wie bereits häufig betont, ein psychologisches System zum Vergleich und zur Klassifizierung aller Ideen und Erfahrungen.

Der Studierende wird sich zweifellos fragen, wie es möglich ist, die abstrakten mythologischen Vorstellungen, die unseren Sephiroth innewohnen, mit der Ideologie der verschiedenen akademischen Philosophiesysteme in Beziehung zu setzen. Dies ist keine besonders schwierige Aufgabe, wenn man sich erst einmal eine perfekte Reihe von Entsprechungen im Kopf erarbeitet hat.

Nehmen wir zum Beispiel den kritischen Idealismus von Kant. Das Universum, das in Zeit und Raum existiert, wird als subjektive Schöpfung des wahrnehmenden Egos betrachtet, wobei Ideen wie Zeit und Raum a priori Kategorien oder Formen des kreativen Denkens sind. Wie können wir nun eine Entsprechung zwischen unserer Kabbala und dem gerade erwähnten Konzept herstellen?

Kether wurde als das Ego, die Monade, „das geheime Zentrum im Herzen eines jeden Menschen" definiert. Kether ist daher unser transzendentales Ego. In Binah fanden wir, dass ihm Kronos oder Zeit zugeschrieben wurde. So verbindet sich Binah mit der Kant´schen Kategorie der Zeit. Die Sphäre des Tierkreises ist eine Entsprechung von Chokmah und in gewisser Hinsicht eine Konkretisierung der Idee des Raums. Wir haben daher das gesamte Universum als die unteren sieben Sephiroth, projiziert und existierend in Zeit und Raum oder Chokmah und Binah, welche die Funktionen der integrierenden Fähigkeit des Egos oder Kether sind. Der Studierende wird es nicht schwierig finden, die verbleibenden Kant´schen Kategorien oder Formen der Aktivität des denkenden Egos mit dem Sephiroth-Baum in Beziehung zu setzen.

Wenn wir Fichte und Hegel betrachten, finden wir tatsächlich eine sehr enge Analogie zwischen dem Emanationssystem der Kabbala, das in Triaden, männlich, weiblich und Kind, abläuft, und dem dialektischen Prozess, der seinen Ausdruck in einer positiven oder ausgehenden Bewegung, ihrem Gegenteil oder Negativ und der Versöhnung findet.

Damit ist jedoch ein weiteres Problem von höchster Wichtigkeit verbunden, das vor dem weiteren Voranschreiten kommentiert werden muss. Die Tatsache, dass die Sephiroth in Triaden oder Trinitäten zerfallen und die Tatsache, dass ihnen Titel wie Vater, Mutter und Sohn zugeschrieben wurden, hat viele Apologeten des Christentums dazu ermutigt, ohne jede ausreichende Grundlage zu behaupten, dass die christliche Trinität in der Kabbala enthalten sei. Ich zitiere im Zusammenhang mit diesem Argument Prof. Abelson:

„Es steht außer Zweifel, dass die Ähnlichkeit rein zufällig ist. …Die Philosophie von Salomon Ibn Gabirol, der Neuplatonismus, der Gnostizismus, der Philonismus und andere Systeme haben alle unauslöschliche Spuren (i.e. in der Entwicklung der Kabbala) hinterlassen. Aber das Christentum, es sei daran erinnert, ist nicht nur dem Judentum, sondern auch diesen Quellen verpflichtet; so dass das, was christlich erscheint, in

Wirklichkeit jüdisch sein kann; eine Weiterentwicklung des ursprünglichen Materials durch eine ununterbrochene Abfolge jüdischer Geister. ... Aber es steht außer Frage, dass die christliche Dreifaltigkeit und die Trinitäten der zehn Sephiroth auf ganz unterschiedlichen Ebenen liegen."

In diesem Zusammenhang fühle ich mich aus tiefstem Herzen Mr. Arthur Edward Waite zu großem Dank verpflichtet. Denn obwohl Herr Waite sich offen als Christ bekennt – und daran sei erinnert, als Christ, dem Römischen Stuhl gehorcht; das zumindest entnehme ich seinen Schriften –, hat er dennoch mit größter Sorgfalt mögliche Vergleiche analysiert, die zwischen dem christlichen trinitarischen Konzept und den kabbalistischen Sephiroth mit den Titeln der Heiligen Familie gezogen werden könnten.

In seiner *Heiligen Kabbala* beweist er zum einen schlüssig und ausführlich, dass die der Sephira Binah zugeschriebene Schechina nicht als in ihrer Natur oder Definition mit dem Heiligen Geist identisch ausgelegt werden darf. Er bemerkt zum anderen, obwohl dies meiner Einschätzung nach etwas unnötig ist, dass die Philosophie, die mit der Vereinigung des Zoharischen Yod und des ursprünglichen Heh im Olam Atsilus verbunden ist, dem frommen Trinitarier zuwider wäre. Ich muss hier nicht weiter darauf eingehen, dass die christliche Trinität für die ehrwürdigen Rabbiner der Heiligen Versammlungen noch verwerflicher und verachtungswürdiger wäre.

Aus meiner Sicht kann es, um das Problem selbst zu behandeln, unmöglich die geringste Verbindung zwischen den beiden philosophischen Formulierungen geben, die Grundlage für heftige Kontroversen waren. Denn, und das möchte ich ganz besonders betonen, die beiden betrachteten Schulen spekulieren über zwei völlig verschiedene Themen. Der Kirche zufolge sind die verschiedenen Aspekte der Dreifaltigkeit alle einzeln betrachtet ein Gott. Trotzdem ist, so sagt uns Athanasius, jede einzelne Person an sich Gott.

Laut der Kabbala ist das nicht so. *Ain Soph* ist das Unendliche; die Ewigkeit, transzendent und immanent. Man kann nicht einmal sagen, dass es Eins ist, da es Null ist, und Eins ist, wie wir bereits gesehen haben, ein Attribut der Manifestation und Begrenzung. Jene Sephiroth, die Titel wie Vater und Mutter tragen, können *per se* unter keinen Umständen Gott oder *Ain Soph* sein. Der Sohar lehrt deutlich, dass die Sephiroth einfach *Kechleem* sind, Gefäße oder Kanäle, durch die sich die göttlichen Kräfte der schöpferischen Evolution manifestieren. Die Sephiroth, denen Vater und Mutter zugeordnet sind, sind nicht *Ain Soph*. Obwohl sie immer vom unendlichen Leben durchdrungen sind und erhalten werden, werden sie dennoch als bloße Manifestationen erkannt.

Die wirkliche Lösung des vermeintlichen Vergleichs ist in der Tat bemerkenswert einfach, da es überhaupt keinen Vergleich geben kann. Diese Lösung ist so einfach, dass sie meines

Wissens denen entgangen ist, die sich an logischen Haarspaltereien und Argumenten erfreuen. Die Ideen in den Köpfen der frühen Kirchenväter und der Doktoren des Gesetzes stimmten nicht überein. Die Kirche lehrte von drei Personen, die auf ewig der Vater, der Sohn und der Heilige Geist sind.

Ich kann nicht verstehen, dass diese metaphysische Formulierung irgendetwas anderes als die entfernteste Beziehung zum kabbalistischen Konzept des Tetragrammatons, des vierbuchstabigen Namens Gottes, hat. Seine Zuordnungen sind das Yod und das erste Heh, der Vater und die Mutter in der Transzendenz; und das letzte Vav und Heh, der Sohn und die Tochter, Zwillinge, darunter. Mit anderen Worten, diese Heilige Familie besteht nicht aus drei Individuen, sondern aus vier. Es sollte selbst für den kleinsten Anfänger in der Philosophie ganz offensichtlich sein, dass hier zwei unterschiedliche Systeme vertreten werden, von denen das eine wenig oder nichts mit dem anderen zu tun hat. Die von Dr. Abelson vorgebrachte Verteidigung ist daher überhaupt keine Verteidigung, da er zu beweisen versucht, dass die Juden nichts von den Christen übernommen haben. Tatsächlich ist diese Frage überhaupt nicht Gegenstand der Kontroverse.

Es gab einen letzten Versuch, der christlichen Dreifaltigkeit eine vierte Person hinzuzufügen, und zwar in Form des mystischen Leibes Christi, der die römisch-katholischen Kirche ist.

Ein so schwacher letzter Ausweg wirft tatsächlich ein schlechtes Licht auf die Geister, in denen er seinen Ursprung hat.

Doch zu diesem ganzen Thema kam es zu Polemiken, die seit über dreihundert Jahren in reiner Unkenntnis der wesentlichen Elemente der Kabbala fortgeführt werden. Reuchlin, Mirandola, Knorr von Rosenroth, Lully und andere studierten die Kabbala hauptsächlich in der trügerischen Erwartung, dass darin Lehren zu finden wären, die dem christlichen Glauben ähnlich wären; Lehren, mit denen man die Söhne Israels zwingen könnte, ihre Bärte zu rasieren und ihre Schläfenlocken abzuschneiden, den Glauben und den Rat ihrer Väter aufzugeben und die Kommunion gemäß dem Ritus Roms zu empfangen. Mit nur wenigen Ausnahmen scheiterten sie in letzterem, trotz vorsätzlicher Pervertierung der Lehre des Zohar. Viele orthodoxe Rabbiner richteten als direkte Folge davon giftigen Hass und feurige Beschimpfungen gegen den Sohar und akzeptierten a priori den Glauben seiner unbeschnittenen Verfolger, dass das Christentum oder zumindest die Behauptung, dass die Dreifaltigkeit und die Ernennung Christi zum jüdischen Messias im Sohar erschienen. Die Schuld für die Vernachlässigung dieses großen Erbes liegt auch bei ihnen.

Der Studierende muss sich sehr anstrengen, um die Lehre des Tetragrammatons zu begreifen, wie sie in den Kapiteln Drei und Fünf kurz entwickelt wird. Von einem Verständnis dieser Formel hängt die Erkenntnis ab, dass der Sohar und die

Kabbala ein Lehrgebäude darstellen, das völlig von dem unabhängig ist, was aus dem Sanctorum des in Rom herrschenden Katholizismus hervorgegangen ist. Er wird sich dann im Besitz von ausreichendes Wissen finden, welches ihn davor bewahrt, in eine so seichte Sprengfalle wie die oben beschriebene zu tappen, und ihm eine Grundlage bietet, auf der er ein gewaltiges Gebäude aus magischer Theorie und Praxis errichten kann.

Um die dreigliedrige Bewegung der Sephiroth beim Abstieg von der Idealität zur Wirklichkeit wirklich zu verstehen, sollte man über Kenntnisse der Philosophie von Platon bis Hegel verfügen. Diese dreifache Wirkung von Bewegung, ihrer Negation und Versöhnung (von Hegel als eine Art logischer Kontroverse betrachtet) wird allgemein als die wahre Methode der Philosophie angesehen. Die Kabbala, die sich durch diesen dialektischen Prozess entwickelt, schlägt, im Gegensatz zu Hegel und Spencer, ein sehr umfassendes Evolutionssystem vor, in dem Spencers bekannte Formel verwendet wird: „Es gibt einen kontinuierlichen Wechsel von unbestimmter inkohärenter Homogenität (*Ain*) zu bestimmter Heterogenität aus Struktur und Funktion (*Malkuth*) durch aufeinanderfolgende Differenzierungen und Integrationen" (die dazwischenliegenden Sephiroth).

Fichte fand in seinen philosophischen Forschungen, ausgehend vom Ego (Kether), heraus, dass es Wissen, Denken und Bewusstsein besitzt. Er behauptete, dass Denken nicht die

Essenz des Egos sei, sondern nur eine seiner Aktivitäten (unterhalb des Abyss, wie die Kabbala hinzufügen würde), und gelangte so durch eine Untersuchung des Denkaktes zu seinen ersten drei Prinzipien. Mittels der Dialektik, die das Selbst (Kether, „die Krone") als Ausgangspunkt anerkennt und alles mit einbezieht, was man weiß und erlebt, versuchte er, den kantischen Dualismus zu überwinden, der die phänomenale von der noumenalen Welt trennte und letztere „unerkennbar" machte. Zuerst ist da das Ego, Selbst oder Subjekt, das in jeder Erkenntnis gegeben ist; unendlich und unerschöpflich in der Natur; aber obskur, denn wir erkennen es nur anhand seiner Aktivitäten, die eine besondere Form haben, das „Setzen" oder das Aufbringen von Energie, reiner Aktivität, eine Manifestation des Selbst.

Dies erzeugt das Objekt, das Gegenteil des Selbst, das Nicht-Ego (Hegels Nichts), das Binah entspricht, da letzteres die Wurzel der Materie und das Gegenteil des Seins ist. Das Objekt ist sein erstes Fremdes, das auf das Selbst einwirkt und von ihm beeinflusst wird. Sie werden dann in einer wechselseitigen Beziehung erkannt, und die Wechselwirkung löst sich in der Harmonie der Selbsterkenntnis (dem dritten Prinzip) oder Chokmah, Weisheit, unserer zweiten Sephira, auf.

In verschiedenen Schriften einiger der frühen Kabbalisten begegnet man einer perfekten Vorahnung des deutschen Idealismus, und das folgende Zitat von Rabbi Moses Cordovero ist recht gute Philosophie: „Die ersten drei Sephiroth müssen als ein und dasselbe Ding betrachtet werden. Die erste repräsentiert ‚Wissen‘, die zweite ‚den Wissenden‘, die dritte das, ‚Was gewusst wird‘. Der Schöpfer ist Er selbst, zugleich Wissen, Wissender und Gewusstes. Tatsächlich besteht Seine Art des Wissens nicht darin, Sein Denken auf Dinge außerhalb von Ihm anzuwenden; durch Selbsterkenntnis erkennt und nimmt Er alles wahr, was existiert. Es existiert nichts, das nicht mit Ihm vereint ist und das Er nicht in Seinem eigenen Wesen findet. Er ist der Typus allen Seins, und alle Dinge existieren in Ihm in ihrer reinsten und vollkommensten Form... Daher haben alle existierenden Dinge im Universum ihre Form in den Sephiroth, und die Sephiroth haben ihre in der Quelle, aus der sie hervorgehen.“

Ein weiteres Beispiel in eine völlig neue Richtung ist vielleicht notwendig, um zu demonstrieren, wie kabbalistisches Wissen angewendet werden kann. In seiner Swarthmore-Vorlesung „*Science and the Unseen World*“ wies Prof. A. S. Eddington darauf hin, dass „aus den im primitiven Chaos verstreuten elektrischen Ladungen 92 verschiedene Arten von Materie – 92 chemische Elemente – entstanden sind... *Im Grunde spiegelt die Vielfalt der 92 Elemente die Vielfalt der ganzen Zahlen von 1 bis 92 wider*, denn die chemischen Eigenschaften des Elements Nr. 11 (Natrium) ergeben sich aus der Tatsache, dass es bei niedrigen Temperaturen die Fähigkeit besitzt, elf negative elektrische Ladungen, um sich zu sammeln; jene von Nr. 12 (Magnesium) aus seiner Fähigkeit, zwölf Teilchen zu sammeln; und so weiter".

An dieser Stelle werde ich die Swarthmore-Vorlesung verlassen, um den Leser zu bitten, mit mir eine höchst bedeutsame Passage aus Sir James Jeans' jüngstem Werk *The Mysterious Universe* zu betrachten. Ich zitiere von Seite 8:

"Heute wird ein Phänomen nach dem anderen, das früher der 'Lebenskraft' zugeschrieben wurde, auf die Wirkung gewöhnlicher physikalischer und chemischer Prozesse zurückgeführt. Obwohl das Problem noch lange nicht gelöst ist, wird es zunehmend wahrscheinlicher, dass das, was die Materie lebender Körper besonders auszeichnet, nicht die Anwesenheit einer 'Lebenskraft', sondern das ganz alltägliche Element Kohlenstoff ist... Wenn dies so ist, existiert Leben im Universum nur, weil das Kohlenstoffatom bestimmte außergewöhnliche Eigenschaften besitzt. ... Bisher ist keine Erklärung für seine ganz besondere Fähigkeit bekannt, andere Atome zusammenzuhalten. *Das Kohlenstoffatom besteht aus sechs Elektronen, die um den entsprechenden zentralen Kern kreisen. ...*"

In seiner Swarthmore-Vorlesung führt Eddington ein identisches Thema weiter und erklärt, dass die elektronische Struktur des Elements Kohlenstoff für das Leben verantwortlich ist und dessen physische Grundlage bildet.

Diese Auffassung der Dinge kommt jener der Kabbalisten sehr nahe. Für den Moment werde ich mich ausschließlich mit dem Element Kohlenstoff befassen und es dem Leser überlassen, die von Eddington erwähnten Entsprechungen von Natrium und

Magnesium selbst herauszuarbeiten. Die Manifestation des Lebens ist, wie die Kabbalisten behaupten, definitiv mit der Zahl Sechs verbunden und Teil ihrer Konnotation. Kohlenstoff selbst wird mit Verbrennung in Zusammenhang gebracht, Verbrennung mit Feuer und Hitze; letztere letztlich mit der Sonne. Wir können davon ausgehen, dass Kohlenstoff eine Manifestation oder die zugrundeliegende Basis des Lebens im Mikrokosmos und die Sonne die Quelle des Lebens im Makrokosmos ist.

Es wird ihnen aufgefallen sein, dass eine der zahlreichen Entsprechungen, die der sechsten Sephira von Tipharas oder Harmonie auf Seite 61 gegeben werden, die Sonne war. Es ist ganz offensichtlich, dass wir für unsere Existenz vollständig von der Sonnenkugel und ihrer lebensspendenden Wärme und Vitalität abhängig sind. Es könnte auf diesem Globus nicht die geringste Manifestation von Leben geben – zumindest keine Form von Leben, wie wir es kennen; kein Mineralreich, nichts von der überbordenden und üppigen Vegetation, die wir so sehr lieben, kein tierisches Leben jeglicher Art –, wenn wir auf irgendeine Weise von den Strahlen unserer Muttersonne mit all ihrer Nahrung und Wärme abgeschnitten wären.

Doch die Kabbala geht, wie wir gesehen haben, noch weiter. Die Sonne ist aus physischer Sicht nicht nur unser Vater, sondern auch unsere innere spirituelle Existenz, die unser wahres Leben ist, ist in vielerlei Hinsicht eng mit der der Sonne verbunden. Die Sonne, wie wir sie sehen, ist das äußere Vehikel der inneren spirituellen Sonne; das flammende Gewand eines Gottes oder einer Gruppe von Göttern, derer Natur wir ein wesentlicher Bestandteil sind und von deren Leben wir nicht getrennt werden können, so wie die Zellen, aus denen unser eigener Organismus besteht, Knochen von unseren Knochen, Fleisch von unserem Fleisch und Seele von unserer Seele sind. Wie es eines der magischen Rituale aus dem ägyptischen Totenbuch ausdrückt: „Ich bin das Eidolon meines Vaters Tmu, Herr der Stadt der Sonne".

Auch der Studierende der alten Religionen wird in diesem Zusammenhang mit großem Interesse die unbestreitbare Tatsache zur Kenntnis nehmen, dass die großen Lehrer oder Adepten (jene, die zumindest 'Tipharas erreichten, die Sephira von ⊙; siehe nächstes Kapitel), die ihren Stempel auf die Volksverehrung hinterlassen haben – Attis, Adonis, Osiris, Mithra, Dionysius und Jesus Christus – fast ausnahmslos mit dem Zyklus der Reise der Sonne durch die Himmel identifiziert wurden, oder, um etwas genauer zu sein, der Zyklus ihres Lebens schloss sich dem größeren Zyklus der Sonne an. Die Geburt Christi zur Wintersonnenwende, die Kreuzigung zur Tagundnachtgleiche des Frühlings, all dies deutet auf die Geburt des Jahres und den Stand der Sonne über dem Äquator hin. Es gibt zahlreiche Variationen zu diesem Thema, aber die Symbole sind fast immer gleich. Das Thema des Bildes oder der Geschichte ist immer dasselbe; es ist jenes ewige Wunder des überströmenden Lebens, das sich selbst immer wieder herstellt und über den Tod triumphiert – die Rückkehr der Sonne.

Sechs mag also für Kohlenstoff und die Idee der physischen Elemente stehen, die für die Manifestation des Lebens notwendig sind, aber für den Kabbalisten bedeutet sie, wie wir gezeigt haben, unendlich mehr; sein Geist bezieht die Zahl Sechs sofort auf alles, was mit der Sonne, ihrem esoterischen Noumenon, ihren irdischen Abgesandten und dem spirituellen Bewusstsein als Ganzem zusammenhängt.

Um das Zitat aus Jeans' Buch fortzusetzen:

"Das Phänomen des permanenten Magnetismus tritt in enormem Ausmaß bei Eisen und in geringerem Ausmaß bei seinen Nachbarn Nickel und Kobalt auf... Die Atome dieser Elemente haben jeweils 26, 27 und 28 Elektronen. •••

Als Folge dieser Gesetze haben Atome mit einer bestimmten Anzahl von Elektronen, nämlich 6, 26 bis 28... bestimmte besondere Eigenschaften, die sich jeweils im Phänomen *des Lebens, des Magnetismus und der Radioaktivität* zeigen."

Diese Zahlen 6, 26, 27 und 28 stehen alle ganz eindeutig mit Konzeptionen des kabbalistischen Systems in Verbindung, um dieselben Eigenschaften zu symbolisieren, die von wissenschaftlichen Denkern als in Atomen mit der gerade erwähnten Anzahl von Elektronen anerkannt werden. Das Kohlenstoffatom mit seinen sechs Elektronen kann harmonisch der sechsten Sephira zugeordnet werden, wie oben beschrieben, und wir können nun die anderen drei Zahlen untersuchen, um festzustellen, in welcher Weise sie mit den bisher skizzierten philosophischen Prinzipien in Verbindung stehen.

Pfad Nr. 26 auf dem Baum des Lebens ist der Buchstabe Ajin, dessen Zuordnungen die verschiedenen schöpferischen Kräfte der Natur symbolisieren, die insbesondere durch Priapus, den fruchtbaren Gott, repräsentiert werden. Er impliziert auch die Idee des kosmischen Verlangens und Instinkts, der sich beispielsweise als kohäsive Anziehung oder Magnetismus eines Moleküls für ein anderes manifestiert. Der Buchstabe Pej ist der siebenundzwanzigste Pfad, und seine Hauptzuordnung ist Mars, die elektrische, vitalisierende Kraft, die alle Dinge belebt und durchdringt. Die Tradition schreibt Pej, der Zahl 27, Eisen zu, obwohl es hier einen kleinen Unterschied zur modernen Wissenschaft gibt, die besagt, dass das Element Eisen 26 Elektronen hat. Wenn wir jedoch das zentrale Proton mit den 26 rotierenden Elektronen betrachten, erhalten wir 27, was Pej ist. Dies ist jedoch willkürlich und fragwürdig.

Achtundzwanzig ist der Pfad von Zadi, der Netzach mit Yesod verbindet. Die Bedeutung dieses Pfades von Zadi erschließt sich am besten durch eine Analyse der Sephiroth, die sie mit dem Sephiroth-Baum verbindet. Die Tabelle zeigt diesen Pfad, der Netzach und Yesod verbindet. Netzach ist die Sphäre der Venus, und die gesamte Bedeutung dieser Sephira wurde als Liebe sexueller Natur beschrieben, die die generativen Kräfte der Natur repräsentiert; daher sind Magnetismus und Verlangen die allgemeinen Implikationen. Yesod ist die Grundlage, der die Astralebene zugeschrieben wird, und die Astralsubstanz ist per Definition magnetisch, subtil und elektrisch in ihrer Natur. Obwohl der Begriff „Radioaktivität" im letzten Viertel des 19. Jahrhunderts nicht verwendet wurde, wird der Leser dennoch ohne Schwierigkeiten feststellen können, dass die Beschreibung der Eigenschaften der Astralmaterie nahezu identisch mit der ist, die heutige wissenschaftliche Forscher den Elementen geben, die als radioaktiv gelten.

Ich denke, oben wurde bereits genug gesagt, um dem Leser zu zeigen, wie er vorgehen soll, wenn er die Kabbala als System zum Vergleich von Ideen verwendet. Die aufgeführten Beispiele sollen lediglich als Anregung dienen, und es ist zu hoffen, dass uns ein Studierender in nicht allzu ferner Zukunft einen umfassenden Überblick über die gesamte Geschichte der Philosophie mit einem Vergleich ihrer wichtigsten Entwicklungen mit der Ideologie der Kabbala sowie einer sorgfältig tabellarischen Klassifizierung bietet, die die elektronische Zusammensetzung der 92 Elemente neben einer ausführlichen Reihe kabbalistischer Entsprechungen zeigt.

KAPITEL ACHT

DIE LEITER

IR haben den Baum des Lebens ausführlich als ein philosophisches Alphabet betrachtet. Es ist nun notwendig, diesen Baum in einem ganz neuen Licht zu betrachten. In den verschiedenen Gliedern dieser Struktur haben wir zuvor eine Eigenschaft gefunden, die einer ähnlichen angeborenen Eigenschaft des Menschen entspricht und entfaltet, entwickelt und perfektioniert werden muss. Dieser Entfaltungsprozess wird anschaulich als „Auf den Baum klettern" bezeichnet. In einem früheren Kapitel wurde kurz erklärt, dass es zwei Methoden der Kabbala gibt: Meditation und Magie. Hier sind einige erklärende Bemerkungen erforderlich.

Da gezeigt wurde, dass uns der *Ruach* aufgrund seiner eigenen Beschränkungen verwehrt bleibt, um uns bei der Suche nach der Wahrheit zu unterstützen und da der Glaube, wie er gewöhnlich verstanden wird, noch nutzloser ist, ist eine neue Methode für eine philosophische Forschung höchst wünschenswert. Tatsächlich nicht nur eine neue Methode, sondern eine völlig neue Richtung, in die die Forschung vorangetrieben werden muss.

Im Positivismus leugneten die Menschen eine transzendentale Bewusstseinsebene fast vollständig, weil sie die Möglichkeit anderer Beziehungen als der von Logikern formulierten nicht zuließen und damit die Existenz der Dinge leugneten, die aus der Sicht dieser Logiker unlogisch erscheinen.

Der moderne „Spiritualismus" beispielsweise versuchte, eine noumenale Welt nach dem Vorbild des Phänomenalen zu konstruieren; er wollte aber um jeden Preis beweisen, dass die „andere Welt" von unserem Standpunkt aus logisch ist; dass hier wie dort in vielerlei Hinsicht dieselben Gesetze gelten und dass die „andere Welt" nichts weiter als eine Kopie und eine Erweiterung unserer Welt ist. Kurz gesagt: Es handelt sich um eine grobe und barbarische Formulierung des Unbekannten.

Die positive Philosophie erkannte natürlich die Absurdität all dieser dualistischen Thesen, aber da sie nicht in der Lage war, ihr Tätigkeitsfeld zu erweitern oder auszuweiten, beschränkte sie sich auf ihre Logik und konnte sich nichts Besseres vorstellen, als sie zu leugnen. Nur die mystische Philosophie fühlte die Möglichkeit anderer Beziehungen als der der phänomenalen Welt und eine Logik formuliert, die auf das übersinnliche und transzendentale Bewusstsein anwendbar ist. Aber sie wurde in ihrem Fortschritt durch verschwommene und unklare Vorstellungen von organisierter und skeptischer Forschung aufgehalten, da sie es unmöglich fand, ihr Material auf wissenschaftliche Weise zu definieren und zu klassifizieren. Dies kann korrigiert und ein gründliches skeptisches System eingeführt werden, das den Baum des Kabbalisten als Klassifizierungsmedium verwendet. Letztendlich muss die Wissenschaft zur Kabbala gelangen, da sie allein eine umfassende Methode und eine neue Richtung für die Forschung bietet. Mystische und magische Methoden eröffnen uns nicht nur – begleitet von psychologischen Phänomenen, die tatsächlich wissenschaftlicher Forschung würdig sind – eine neue Art von Erfahrung, sondern, was viel wichtiger und wertvoller ist, sie erweitern das Wissen über einen transzendentalen Bereich des Bewusstseins. In seinem *Tertium Organum* schreibt P. D. Ouspensky:

„Die gesamten Lehren religiös-philosophischer Bewegungen haben als erklärten oder verborgenen Zweck die Erweiterung des Bewusstseins. Dies ist auch das Ziel des *Mystizismus* jedes Zeitalters und jedes Glaubens, das Ziel des Okkultismus und des orientalischen Yoga.“

Insbesondere die Methoden der Kabbala – da sie als einzige unter allen anderen die eine Grundlage zu besitzen scheint, die sich hervorragend für eine Synthese eignet – erweitern unsere Sicht des Universums durch Methoden einer Erfahrung, die unterschiedlich als religiös, mystisch oder überrational bezeichnet wird. Und damit ist eine Erfahrung gemeint, nein, eine unmittelbare Intuition, eine spontane Einsicht in die Bedeutung, die Natur und den Wert des Universums, die eine beseligende Vision davon vermittelt, wie alle Dinge zusammengehören, ein Hinweis auf die Natur der ultimativen Realität. Wir beschäftigen uns hier mit einer wesentlichen Tatsache des mystischen Wissens; dem Ersetzen der gewöhnlichen Aktivitäten des rationalen Bewusstseins durch eine direkte Intuition, bei der die *Neschamah* Ideen direkt betrachtet. Und Erfahrung, ob weltlich oder mystisch, muss immer die *ultima thule* sein, über die man nicht hinausgehen oder die man nicht negieren darf. Wenn wir die mystische Erfahrung als Quelle der Inspiration und des Wissens darstellen, können wir nur auf echte wissenschaftliche Prinzipien zurückgreifen, denn wie es Julian Huxley in „*What Dare I Think?*" ausgedrückt hat: „Das wichtigste Merkmal der wissenschaftlichen Methode ist ihr ständiger Bezug auf die Erfahrung bei der Suche nach Wissen."

Die erste dieser Methoden ist die Meditation. Die Juden sind seit langem mit verschiedenen technischen Meditationsmethoden vertraut. Ihre Schriften sind voll von vielen erhabenen Beispielen von Menschen, deren Erfahrungen, zweifellos das Ergebnis der Meditation, Überzeugungen von einem unzweifelhaften Kontakt mit der Realität waren; Erfahrungen, die über die geringsten Einwände erhaben waren. Zum einen die Vision Jehovas durch Moses; die lange Reihe von Visionen Gottes durch den Propheten Jesaja, deren Folge das Universum erfüllte, die Ekstase des Ezechiel, der vom Geist von seinen Füßen gehoben und von einem Ort zum anderen getragen wurde, die Inspiration von Baal Schem Tov und die Gründung der chassidischen Bewegung; die Tatsache der Prophezeiung selbst – all dies ist ein lebendiges, lebenswichtiges Zeugnis für diese eine Aussage.

Auch im Talmud finden sich dunkle Hinweise auf die Existenz einer entwickelten Tradition der „Merkawa" oder des Göttlichen Wagens, den Ezechiel in einer Vision sah. Da die Welt ein Prozess der Emanation ist, ein Übertritt der Wirklichkeit in ihre Andersartigkeit (um einen Hegelschen Ausdruck zu verwenden), muss es für den Menschen einen entsprechenden Weg nach oben geben, und zwar über diesen „Wagen" – das Vehikel oder Mittel, mit dem er in die Bereiche des Unsichtbaren transportiert werden kann. Und der Sohar spricht vom „göttlichen Kuss", während dem der Mensch mit seiner Wurzel vereint wird. Er geht ausführlich auf den Vers im Hohelied ein: „Lass ihn mich mit den Küssen seines Mundes küssen", der sich auf die Vereinigung der Buchstaben des Tetragrammatons bezieht. Zudem muss ich Folgendes zitieren:

„Innerhalb eines mächtigen Felsens in entrückter Himmelssphäre gibt es einen Palast, der ist Palast der Liebe geheißen. Dies ist die Stätte, wo die köstlichsten Schätze sich bergen, die Stätte der Liebesküsse des Königs… Dort findet der Allheilige die geheiligte Seele, fasst sie bei der Hand und küsst und liebkost sie und lässt sie zu sich steigen und spielt mit ihr — gleichwie ein Vater seiner Lieblingstochter tut. Indem er sie küsst, umarmt und ihr Geschenke macht, tut der Heilige, gepriesen sei Er, dies täglich mit der reinen Seele" (ii, 97a).

(Um falsche Eindrücke zu vermeiden, ist es notwendig, den Leser bei der Untersuchung ursprünglicher kabbalistischer

Texte vor Archaismen und erotischen Ausdrucksformen zu warnen. Mit der hier dargelegten Begründung sollte es keine Schwierigkeiten geben, die konventionellen Schreibformen zu durchdringen und wahres Verständnis zu erlangen.)

An dieser Stelle werden wir uns jedoch mit der Meditation in ihrer hinduistischen Form als Yoga befassen, da dieses System sehr ausführlich beschrieben wurde. Wir werden Meditation als allgemeine Formel betrachten und ihre besonderen Unterteilungen der Diskussion im Zusammenhang mit den zehn Sephiroth zugeschriebenen Graden überlassen. Patanjali definiert Meditation im ersten Satz seiner Aphorismen als „das Verhindern der Modifikationen des Denkprinzips". Es ist erstaunlich, dass eine so einfache Tatsachenfeststellung jahrhundertelang missverstanden und durch religiöse Doktrinen und ethischen Sentimentalismus verschleiert werden konnte. Ethik hat mit dieser Frage nur wenig zu tun, außer dies: Der Praktizierende muss während des Trainings so leben, dass keine Emotionen oder Leidenschaften den *Ruach* stören, den er zu kontrollieren versucht.

Der *Ruach*, das Prinzip, dessen Gedankenmodifikationen kontrolliert werden müssen, damit Neschamah die dadurch verursachte Ruhe durchdringen kann, ist, wie wir bereits erwähnt haben, nicht die höchste Kraft im Menschen. Es ist nur eine bestimmte Funktion, ein Instrument der *Yechidah*, mit dem sie denkt, arbeitet und erlebt. Wie Blavatsky in *The Voice of the Silence* schrieb: „Der Geist ist der große Schlächter des Realen.

Lass den Schüler den Schlächter töten." Die Theorie hier ist, dass der Geist nur ein Mechanismus ist, um symbolisch mit Eindrücken umzugehen, obwohl seine Konstruktion einen dazu verleitet, diese Eindrücke für die Realität zu halten. Bewusstes Denken ist daher grundsätzlich falsch und verhindert, dass man die Realität wahrnimmt.

Es gibt nur eine einzige einfache, grundlegende Voraussetzung für die Meditation, jenseits aller Dogmen und Moralvorstellungen, nämlich Aufzuhören zu Denken. Diese Erklärung des wichtigsten Schrittes, der zur mystischen Erfahrung führt, ist höchst bedeutsam. Sie erklärt das Gebet und seinen Zweck, und all die verschiedenen Praktiken werden als einfache „Tricks" angesehen, um die Fähigkeit zu erlangen, den Gedankenstrom zu verlangsamen und ihn schließlich gar nach Belieben ganz und zu stoppen. Das hinduistische Bild drückt die Theorie perfekt aus. Es gibt einen See, in dem sich fünf Gletscher bewegen - die fünf Sinne; der See ist der Geist. Solange Eis, die mannigfaltigen Eindrücke, ständig in den See abbricht, sind die Wasser aufgewühlt. Sobald die Gletscher gestoppt sind, wird die Oberfläche ruhig, und dann und nur dann kann sie die Scheibe des „Sohnes" – des Augoeides, des selbstglitzernden Einen – ununterbrochen widerspiegeln.

Während es wahr ist, dass im Schlaf das Denken stillsteht, wird auch die Wahrnehmungsfunktion gestoppt; und da wir vollkommene Wachsamkeit und Aufmerksamkeit erlangen wollen, die nicht durch aufkommende Gedanken unterbrochen wird, folgen wir diesem Verfahren.

Es wird als notwendige Vorstufe angesehen, das Bewusstsein des Körpers durch eine Übung namens *Asana* - Haltung zu beruhigen, durch die, wenn ein gewisses Maß an Fähigkeit erreicht wurde, keine Botschaften körperlicher Störungen an das Gehirn gesendet werden.

Es wurde festgestellt, dass die Atmung von Personen in Ekstase auf eine deutliche und merkwürdige Weise gestört wird; der Prozess wird zum Beispiel sehr langsam und rhythmisch. Yoga hat auf seine wissenschaftliche Art den Prozess umgekehrt, und seine Anhänger versuchten, durch langsames, tiefes und kräftiges Atmen bestimmte Aspekte der mystischen Zustände zu reproduzieren. Diese Theorie kann in den Übungen des hl. Ignatius von Loyola nutzbringend bestätigt werden Durch diese Übung werden einige Gedanken vollständig daran gehindert, ins Bewusstsein zu gelangen, und diejenigen, die in den Geist gelangen, tun dies langsamer als zuvor, was dem Übenden genügend Zeit gibt, ihre Falschheit zu erkennen und sie folglich zu zerstören. Kurz gesagt, es besteht zweifellos ein realer Zusammenhang zwischen der Atemfrequenz und dem Zustand des Gehirns oder der Geistesverfassung, wie schon ein kleines Experiment beweisen wird.

Die Emotionen werden dann beruhigt, um zu verhindern, dass sie ebenfalls aufsteigen und den Geist, den wir beruhigen wollen, erregen. Im Pratyahara analysieren wir den Geist tiefer. Es ist eine Art allgemeine Untersuchung der Geistesinhalte, und es heißt, dass man in der Pratyahara-Introspektion die dem Berkeleyschen Idealismus zugrundeliegenden Argumente direkt erkennt.

Anschließend beginnen wir, Gedanken jeglicher Art zu kontrollieren und einzuschränken und alle Gedanken durch direkte Konzentration auf einen einzigen Gedanken zu unterdrücken, der schließlich selbst verbannt wird. Die Philosophie Fichtes hat uns gezeigt, dass der Inhalt des Geistes zu jedem Zeitpunkt aus zwei Dingen besteht: dem Objekt oder Nicht-Ich, das variabel ist, und dem Subjekt oder Ich, das scheinbar unveränderlich ist. Erfolgreiche Meditation führt dazu, dass das Objekt ebenso unveränderlich wird wie das Subjekt, was ein furchtbarer Schock ist, denn es findet eine Vereinigung statt und die *beiden werden eins.* Rabbi Baer, der chassidische Nachfolger von Israel Baal Shem Tov, lehrte, dass, wenn man so in die Betrachtung eines Objekts vertieft ist, dass die gesamte Gedankenkraft auf den einen Punkt konzentriert ist, das Selbst mit diesem Punkt verschmilzt und sich mit ihm vereint. Dies ist die mystische Hochzeit, auf die in der okkulten Literatur so oft Bezug genommen wird und für die so viele extravagante Symbole verwendet wurden. Diese Vereinigung hat zur Folge, dass das normale Gleichgewicht des Geistes völlig durcheinandergebracht wird, alle poetischen, emotionalen und spirituellen Fähigkeiten in eine erhabene Ekstase versetzt werden und gleichzeitig das übrige

Leben absolut banal erscheint. Es ist eine gewaltige Erfahrung, die selbst für Sprachkundige völlig unbeschreiblich ist und nur als wunderbare, in allen Einzelheiten perfekte Erinnerung zurückbleibt.

In diesem Zustand sind alle Begrenzungen wie Zeit, Raum und Gedanken völlig aufgehoben. Es ist unmöglich, die wirkliche Bedeutung dieser Tatsache zu erklären; nur wiederholte Erfahrungen können einem ein Verständnis vermitteln. Denn es ist eine Erfahrung jenseits jeder adäquaten Beschreibung; eine reine Begriffslosigkeit, bei der das Subjekt nicht mehr von irgendetwas spricht; bei der sowohl Subjekt als auch Objekt transzendiert werden und nur eine erhabene spirituelle Erkenntnis übrig bleibt – eine Erfahrung ohne Namen.

Es ist die lebendigste aller Erfahrungen, denn sie ist ein absoluter betäubender Schlag für den Geist, alle anderen Ereignisse des normalen Lebens erscheinen im Vergleich dazu wie völlige Dunkelheit. Der Mensch, der die intensiveren Formen dieses Bewusstseinszustands erlebt hat, ist vollständig befreit. Das Universum mit seinen Fesseln wird für ihn zerstört sein und er für das Universum, und sein Wille kann somit ungehindert fortschreiten.

Das Ziel der Magie oder der praktischen Kabbala ist das Erreichen eines ähnlichen Bewusstseinszustands, obwohl dies aus einem anderen Blickwinkel heraus erfolgt. So wie es verschiedene technische Methoden des Yoga gibt, gibt es auch verschiedene Methoden der Magie. In diesem Stadium der Exegese ignoriere ich die Zaubersprüche und Amulette, die einen Großteil kabbalistischer Werke wie das *Sepher Ratsiel haMaloch* und *Der Große Schlüssel König Salomons* ausmachen, vollständig. Meine Referenzen beziehen sich hauptsächlich auf die spirituelle Thaumaturgie, die sich beispielsweise in der *The Sacred Magic of Abramelin the Mage* und in Anrufungen wie „The Bornless One", „Liber Israfel" manifestiert; letzteres ist eine Adaption aus dem Totenbuch; und auf die kraftvollen Fragmente lyrischer Rituale, die in den Dee-Manuskripten zu finden sind. Wenn ein Mensch versucht, seine Meditation zu perfektionieren, erfolgt eine heftige Rebellion des menschlichen Willens und des *Ruach*, und nur durch Erfahrung kann man die fast teuflische Genialität des Geistes entdecken, der versucht, der Kontrolle zu entkommen. Es gibt Methoden, diesen Willen zu trainieren und mit denen es mehr oder weniger einfach ist, den eigenen Fortschritt zu kontrollieren. Ein magisches Ritual ist ein mnemotechnischer Prozess, der diesem Ziel gewidmet ist. Ich sage bewusst mnemotechnisch, um Einwände gegen „Apparate" zu entkräften, die von praktischen Kabbalisten verwendet werden.

Durch jede Handlung, jedes Wort und jeden Gedanken wird das eine Ziel der Zeremonie – die Anrufung des Heiligen Schutzengel – ständig angezeigt. Jede Räucherung, Anrufung, Verbannung und Umrundung ist einfach eine Erinnerung an den einzigen Zweck, bis - nachdem Symbol um Symbol, Emotion um Emotion hinzugefügt worden sind - der höchste Moment

kommt und jeder Nerv des Körpers, jeder Kraftkanal des *Nephesch* und *Ruach* in einem überwältigenden Orgasmus, einem ekstatischen Ansturm des Willens und der Seele in die vorherbestimmte Richtung angespannt wird.

Alles in der Operation ist so arrangiert, dass es den Magier an sein einziges Ziel, sein einzig wahres Objekt erinnert. Er beschließt, dass jede Waffe und jedes Instrument, das in seiner Zeremonie eingesetzt wird, dazu dienen soll, ihn an sein gewähltes Ziel zu erinnern und jeden Eindruck (mittels des kabbalistischen Alphabets der Ideenassoziation) zum Ausgangspunkt einer zusammenhängenden Reihe von Gedanken zu machen, welche in dieser Sache enden. Seine ganze Energie ist entschlossen, dass sich jede Handlung zum Vorteil seiner Anrufungen wenden soll.

In einem Tempel, der das Universum, wie er es wahrnimmt, verkörpert, zeichnet er einen Kreis, um die Art seiner Tätigkeit anzukündigen. Der Kreis ist in erster Linie ein universelles Symbol des Unendlichen (Ain), mit dem er seine Identität bestätigt. Darüber hinaus bestätigt er, dass er sich auf das Erreichen eines bestimmten Ziels beschränkt, nämlich das Erreichen seines Engels, und dass er nicht länger ziellos in der Welt der Materie, Illusion und Vergänglichkeit umherwandert. Dieser Kreis wird durch verschiedene göttliche Namen geschützt, auf deren Einflüsse er sich verlässt, um sich vor den bösartigen Dämonen von außen, den feindseligen Gedanken seines eigenen empirischen Egos, das exorziert und transzendiert werden muss, zu schützen. In dieser Figur steht die Grundlage all seiner Arbeit, ein Altar, das Symbol seines festen Willens. Alles wird im Altarschrank aufbewahrt, da alles dem Gesetz unterworfen ist; außer der Lampe, die über seinem Kopf hängt, das Licht seines wahren Selbst, das alles darunter erhellt.

Auf diesem Altar sind sein Schwert, sein Kelch und sein Pentakel angeordnet. Der Stab ist das irdische Symbol seines gottgleichen Willens, seiner Weisheit und seines schöpferischen Wortes, seiner göttlichen Kraft, so wie das Schwert seine menschliche Kraft ist, die scharfe analytische Fähigkeit des *Ruach*. Es ist der Verstand, der sein Mechanismus ist, um symbolisch mit Eindrücken umzugehen, und seine Fähigkeit zur Kritik. Der Kelch ist sein Verständnis, der passive Aspekt seines Willens; er verbindet ihn mit dem, was jenseits liegt, auf der negativen Seite, hohl und empfänglich für den Einfluss, der von oben herabsteigt. Das Pentakel ist flach, der Tempel seines Heiligen Geistes; erdig, es ist seine niedere Natur, sein Körper. Auf dem Altar steht eine Phiole mit Öl, sein Streben nach einem edleren Selbst, nach einer höheren Wirklichkeit, das ihn und alles, was es berührt, der Ausführung des Großen Werkes weiht. Drei weitere Waffen umgeben das Öl, die Geißel, die ihn foltert, der Dolch, der ihn verwundet, und die Kette, die ihn an seinem einen Ende fesselt. Es ist diese Selbstdisziplin, die sein Streben rein hält. Auf seinem Kopf trägt er eine goldene Krone, die seine Herrschaft und Göttlichkeit zeigt; und ein Gewand, das Ruhm und die Stille symbolisiert, in der die himmlische Ehe vollzogen wird. Auf seiner Brust, über seinem Herzen trägt er ein Lamen, das seine Vorstellung vom Großen Werk zusammenfasst und die Natur der jeweiligen anstehenden Arbeit erklärt.

Indem er also jedes Instrument zu einem Symbol macht, das ihn an seinen einzigen Zweck erinnert, führt er seine Arbeit schließlich zum gleichen Ziel wie der Mystiker. Letzterer arbeitet, indem er sozusagen sein rationales Bewusstsein untergräbt, indem er die Dualität zerstört; während der Fahrer des magischen Wagens fortfährt, Idee zu Idee, Ekstase zu Ekstase hinzuzufügen, bis der Geist, der sich nicht mehr zurückhalten kann, seine Grenzen überschreitet und sich in einem überwältigenden Orgasmus der Glückseligkeit mit dem vereint, was keinen Namen hat.

DIE MAGISCHEN WAFFEN

	Sephira	Waffe	Symbolisiert
1	Kether	Lampe	Spirituelles Licht und das wahre Selbst
2	Chokmah	Stab	Magischer Wille und göttliches Wissen
3	Binah	Kelch	Intuition
4	Chesed	Zepter und Krone	Herrschaft und Göttlichkeit
5	Geburah	Schwert	Vernunft und die Fähigkeit, fremde Gedanken zu unterbinden
6	Tipharas	Lamen	Absicht das Große Werk auszuführen
7	Netzach	Robe	Glanz und Ruhm
8	Hod	Buch der Anrufungen	karmische Aufzeichnung – das magische Gedächtnis

9	Yesod	Altar und Duft	fester Wille und Streben
10	Malkuth	Tempel, Kreis und Pentakel	Tempel des Heiligen Geistes

Die Kabbalisten schlagen vor, über die Natur der Symbolik der magischen Waffen zu reflektieren. Es gibt natürlich die Freudianische, und viel wirklich Wertvolles kann aus einer solchen Interpretation gewonnen werden. Ich habe jedoch wenig Verständnis für jene oberflächlichen Intellektuellen, die Religion und insbesondere Magie mit der Begründung verurteilen, sie sei ausschließlich sexuell. Die einzige Antwort in einem solchen Fall kann nur darin bestehen, eine Definition dessen zu verlangen, was mit einer so groben Absurdität gemeint sein soll. Es ist zum Beispiel wahr, dass der schöpferische Wille durch den Zauberstab symbolisiert wird und dass der Zauberstab selbst durch den Phallus dargestellt werden kann. Aber eine solche Zuordnung von Symbolen erhebt die Bedeutung des irdischen Zeichens auf eine erhabene spirituelle Ebene. Wie der Studierende des *Sohar* selbst feststellen kann, ist Sex definitiv sakramental und seine Verwendung grenzt an das Göttliche. Und auf jeden Fall deutet seine Signifikanz auf Kräfte und Mächte hin, die, wie in der Vergangenheit die Aufregung um das Unbewusste und das gegenwärtige weit verbreitete Interesse an Drüsen und den Auswirkungen von Drüsensekreten auf die Persönlichkeit und das Bewusstsein, Realitäten darstellen, die definitiv nicht nur physiologischer Natur sind. Dies ist die Tatsache, die der Leser immer im Auge behalten muss.

Im Zusammenhang mit der theurgischen Praxis und Zeremoniell im Allgemeinen, die sich wenig um goetische Verschleierungen kümmern, gibt es in Mr. Waites *Studies in Mysticism* ein oder zwei Bemerkungen, die nicht wenig tiefgründig sind und es wert sind, an dieser Stelle zitiert zu werden.

"Wer mit den spirituellen Prozessen vertraut ist, denen die alten Mystiker folgten, wird wissen, dass diese Prozesse in den Zeremonien der großen Einweihungen beschrieben werden, und obwohl sie trotzdem nur Ersatz für Dinge bieten, die auf der dramatischen Seite des Mysteriums nicht mitgeteilt werden können, wird im Kandidaten ein Zustand herbeigeführt, durch den er, wenn er anderweitig vorbereitet ist, in die Sphäre einer realen Erfahrung eintreten kann."

Von einem anderen Standpunkt aus beschließt der Magier, sich in Harmonie mit dem Kosmos zu bringen, den er vergöttlicht. Die Sonne ist für ihn, wie wir bereits bemerkt haben, ein spirituelles Prinzip, ein Gott; der Mond ein anderer; die Planeten andere Kräfte, mit denen er lebenswichtig verbunden ist, und er erkennt, dass der Rhythmus des Kosmos etwas ist, dem er nicht entkommen kann und darf, ohne seine Existenz bitter zu verarmen. Sein Ziel ist es, sich mit diesen spirituellen Kräften zu vereinen. Der Hierophant früherer Zeiten sagte in den Ritualen zum Neophyten: „Es gibt keinen Teil von mir, der nicht von den Göttern ist."

Die frühen Christen versuchten, diesen Geist, den der alten heidnischen Feier spiritueller Rituale, zu töten, und bis zu einem gewissen Grad gelang ihnen dies auch. Die Kirche missbilligte alles Heidnische oder Okkulte und tötete die Verehrung der Planeten und des Tierkreises, vielleicht, weil die Astrologie schon damals zu einer bloßen Wahrsagerei verkommen war. Ihre Absicht war es, die astronomischen Feste des Jahres abzuschaffen, aber stattdessen setzten sie nur andere ein. Dann kam das Schisma, als die Spaltung die frühere Einheit der Kirche zerstörte, und der Protestantismus versetzte diesem religiösen und rituellen Rhythmus des Jahres im menschlichen Leben einen Todesstoß. Nonkonformität setzte diesem abgrundtiefen Verbrechen mit Geschick den letzten Schliff. Um nun die Großartigkeit des modernen Fortschritts zu demonstrieren: Wir haben eine arme, elende, abgekoppelte Bevölkerung, die nichts als amerikanische Filme, Politik und leere Ferien hat, um das allgegenwärtige menschliche Bedürfnis zu befriedigen, in Harmonie mit den universellen spirituellen Kräften zu leben, die der Natur und allen Phänomenen zugrunde liegen.

Die Eingeweihten erkannten, dass der Mensch nie nur vom Brot allein, sondern im Bewusstsein der ewig lebenden Götter und vom Geist der Sonne, des Mondes und der Erde in ihren

Umläufen gelebt hatte. Sie stellten insgeheim die heiligen Tage und Feste wieder her, fast wie sie die griechischen Heiden hatten, mit Sonnenaufgang, Mittag, Sonnenuntergang und Mitternachtspausen zur Anbetung – die vier großen täglichen Stationen der Sonne. Dann der alte Zyklus von Ostern mit der Kreuzigung oder Empfängnis des Sonnengottes; dann Pfingsten und neun Monate später Weihnachten, seine Wiedergeburt. Jahrhunderte vor der christlichen Ära hatten die Nationen unter der Führung ihrer Priester-König-Adepten in diesem kosmischen Rhythmus gelebt.

Wir werden gewarnt, dass es klug ist, zu diesen Ritualen zurückzukehren, denn die Wahrheit ist, wenn man es aussprechen muss, dass wir von unserer Seele aus äußerlich zugrunde gehen, weil unsere größeren Bedürfnisse nicht erfüllt werden. Wir sind von den ewigen Quellen unserer inneren Nahrung und unseres Lebens abgeschnitten; Quellen, die auf ewig im Universum fließen. Die Menschheit scheint im Grunde zu sterben; und für den zerfallenden Körper der Menschheit scheint sogar das Universum tot zu sein.

Wie der verstorbene D. H. Lawrence so eloquent schrieb:

„Wissen" hat die Sonne getötet und sie zu einer Gaskugel mit Flecken gemacht; „Wissen" hat den Mond getötet, er ist eine tote kleine Erde, mit erloschenen Kratern wie von Pocken übersät; die Maschine hat für uns die Erde getötet und sie zu einer mehr oder weniger holprigen Oberfläche gemacht, über die man hinweg reist."

Mr. Lawrence führt weiter aus, dass all dies eine Rückkehr zu alten Formen bedeutet, wenn wir die Menschheit noch einmal von Angesicht zu Angesicht mit der spirituellen Realität bringen möchten.

Aber zuerst müssen wir diese Formen neu erschaffen. Wir müssen sie weiterentwickeln, damit sie unseren heutigen Bedürfnissen entsprechen. Wie können wir das Universum zu pulsierendem, lebendigem Leben erwecken? Wie können wir aus all dem die großen Sphären des Seelenhimmels zurückgewinnen, die uns mit unaussprechlichem Glück erfüllen sollten? Wie können wir zu Apollo, Demeter und Persephone oder ihren Äquivalenten zurückkehren? Denn zurückkehren müssen wir. Zur Anbetung von Bacchus, Dionysius, den ekstatischen Kräften der ewigen Natur und des ewigen Lebens und den Riten von Eleusis? Dies ist unser Problem, und es ist ein schreckliches Problem, dem wir uns eines Tages stellen und das wir lösen müssen.

Wir müssen sie zurückerlangen, denn darin wohnt unsere Seele, die unser höheres Bewusstsein ist. Diese Tatsache fühlen wir und wissen wir. Die träge Welt der kalten Vernunft mit ihrem toten Stück Mond über uns; einer Sonne aus brennendem Gas – das ist trocken und steril – eine Welt trockener, steriler Intellektualität.

Wenn wir die Welt als mit uns verbunden erkennen; wenn wir die schwarze Erde als Gebärmutter und Symbol von Nuit *erkennen* – unserer Lieben Frau vom Sternenhimmel, unserer Mutter der Wonne; den wunderschönen, glitzernden Mond, der uns unseren Körper als sylphische Freude schenkt oder ihn uns sanft stiehlt – denn er ist das Sinnbild des ständigen Wandels und Artemis die himmlische Jägerin; wenn wir diesen großen goldenen Löwengott Ra-Hoor-Khuit erkennen, der uns seine Wärme und Nahrung schenkt oder uns wie ein wütender roter Löwe mit glänzendem offenem Rachen gegenübertritt, dann können wir erkennen, dass das Universum ein lebender Organismus ist, dessen integraler Teil wir sind.

Wer könnte nicht die spirituelle Erneuerung in sich aufsteigen fühlen und still begeistert sein, wenn sich in den frühen Stunden eines hellen Morgens die große, leuchtende goldene Scheibe der Sonne majestätisch über die nebligen, violetten Bänke vibrierender Wolkenformen am fernen Horizont erhebt und man in ekstatischer Freude die Arme zur goldenen Sonnenaufgang erhebt, in einer mächtigen Geste der Verherrlichung, des seligen Lobes:

„Heil Dir, der Du Ra bist in Deinem Aufgang, Heil Dir, der Du Ra bist in Deiner Stärke, der Du beim Aufgang der Sonne über die Himmel reist in Deiner Barke."

„Tahuti steht in seiner Pracht am Bug und Ra-Hoor verweilt am Steuer. Sei gegrüßt von den Wohnstätten der Nacht."

Dahin müssen wir zurückkehren, sagen die Kabbalisten; zu einer dynamischen, lebendigen Vorstellung des Kosmos. Und der Weg dorthin führt über tägliche Rituale. Unser Wiedererwachen führt durch die Anrufung der Götter zu einer nie endenden Manifestation als lebendige Präsenzen in unseren eigenen Herzen, Seelen und in unseren eigenen Körpern.

Dies ist das Konzept der Praktischen Kabbala. Um ihren Zweck kurz zusammenzufassen: Die Kabbalisten behaupten, dass Magie nützlich ist, um Trance – im wahrsten Sinne des Wortes, ein „Überschreiten" – und Ekstase zu erzeugen, weil sie eine ausgezeichnete Schulung des Geistes und die Entwicklung des Willens als Vorbereitung auf oder in Verbindung mit der Meditation bietet. Wie keine andere Methode erhebt sie die Seele zur unpersönlichen und göttlichen Erhabenheit jenseits des Abyss, die der Vorläufer des Erfolgs in der Vereinigung ist. Sie erweitert auch den Horizont des Geistes, indem sie willkürliche Beschränkungen beseitigt und ihm die Beherrschung jeder subtilen Ebene der Natur verleiht und ausreichend Material für die ekstatische Vollendung des „göttlichen Kusses" oder des *hisdabekus*, wie ihn die Chassidim nennen, bietet.

Es gibt einige, die sich zwar der Vorteile des mystischen Zustands und der vielfältigen Vorteile, die er mit sich bringt, voll bewusst sind, aber dennoch entsetzt oder verängstigt sind über das, was ihnen als Gefahren bei seiner Entwicklung erscheinen.

Die Behauptung, dass diese Prozesse zur Selbsthypnose führen, ist völlig falsch; ihre Befürworter gehen viel zu weit, ohne medizinische Beweise aus einer großen Anzahl beobachteter Fälle vorlegen zu können. Es gibt auch Kritik an Epilepsie, Halluzinationen und Wahnsinn. Aus Disteln können keine Feigen entstehen und aus Desorganisation können weder Organisation noch moralische Fähigkeiten entstehen. Wenn die mystische Erfahrung – mit der daraus folgenden Erweiterung des Universums und der Verbesserung des gesamten Charakters und Geisteszustands eines Menschen, ihrer Fähigkeit, Wissen zu vermitteln – das Ergebnis abnormaler Psychosen und Krankheiten ist, dann müssen wir ein für alle Mal unsere Vorstellungen von dem ändern, was krankhaft und was gesund ist. Wir müssen eine vollständige Umbewertung aller existierenden Werte vornehmen. Wenn Männer wie Krishna, Buddha und Plato und eine große Anzahl gleicher und kleinerer Namen ihre Macht der Selbsthypnose und Epilepsie verdankten, dann haben wir hier tatsächlich das stärkste Argument für die Kultivierung der Epilepsie. Dies sind die Schlüssel, die in dieser Welt die fest verschlossenen Türen ihres Mysteriums öffnen werden.

Aber genug! Diese Einwände entspringen einem völligen Missverständnis der Natur der Erfahrung und der Methoden, die dazu führen. In seiner *Geburt der Tragödie* bezog sich Friedrich Nietzsche empört auf die zahlreichen Angriffe auf die Ekstasen der Bacchischen Chöre der Griechen und die überschwänglichen spirituellen Berauschungen der Johannes- und Veitstänzer im deutschen Mittelalter wie folgt:

„Es gibt einige, die sich aus Mangel an Erfahrung oder aus Stumpfsinn mit einem Lächeln der Verachtung oder des Mitleids von Phänomenen wie ‚Volkskrankheiten' abwenden, die durch das Bewusstsein ihrer eigenen Gesundheit hervorgerufen wird; natürlich ahnen die armen Teufel nicht, wie leichenhaft und gespenstisch diese ihre ‚Gesundheit' aussieht, wenn das glühende Leben der dionysischen Zecher an ihnen vorbeirauscht."

Prof. William James schrieb in seinem Werk *Variety of Religious Experiences*:

„Es erübrigt sich zu sagen, dass der medizinische Materialismus in der Tat keine derart pauschale skeptische Schlussfolgerung zieht. Er ist sicher, so wie jeder einfache Mensch sicher ist, dass einige Geisteszustände innerlich anderen überlegen sind und uns mehr Wahrheit offenbaren, und dabei bedient er sich einfach eines gewöhnlichen spirituellen Urteils. Er hat keine physiologische Theorie zur Entstehung dieser seiner bevorzugten Zustände, durch die er sie bestätigen könnte; und sein Versuch, die Zustände, die er nicht mag, zu diskreditieren, indem er sie vage mit Nerven und Leber in Verbindung bringt und sie mit Namen verbindet, die körperliche Leiden bedeuten, ist völlig unlogisch und inkonsequent."

Vor nicht allzu langer Zeit (27. Mai 1931) schrieb Mr. J. W. N. Sullivan, Mathematiker und Vertreter populärwissenschaftlicher Prinzipien, im Daily Express etwas, was bei den heutigen nicht-mystischen Autoren und Denkern eine wachsende Erkenntnis des Wertes der Erfahrung, die ich zu erklären versucht habe, zu sein scheint. Er schreibt:

„Ich glaube nicht, dass Mystizismus bloße geistige Verirrung ist. Ich neige dazu zu glauben, dass das menschliche Bewusstsein eine sich entwickelnde Sache ist und dass das mystische Bewusstsein eine höhere Stufe darstellt, als wir erreicht haben.“

Die Erfahrung, ob durch Meditation oder Magie erlangt, ist durch die Entstehung eines völlig neuen Bewusstseinstyps gekennzeichnet, der nicht in einen Subjekt-Objekt-Zustand differenziert ist, sondern zu einem ungeteilten „Eins“ verschmolzen ist. Was auch immer in diesen Momenten gesehen, gehört oder gefühlt wird, wird von einem Ansturm aus den Tiefen des inneren Menschen überflutet. Tiefliegende Kräfte, die normalerweise nicht eingesetzt werden, scheinen plötzlich befreit, und die üblichen Abschottungen, die unser inneres Leben in getrennte Bereiche aufteilen und einschränken, scheinen durchbrochen. Der ganze Mensch, betrachtet als Einheit des Sephiroth -Baums, mit all seinen Eigenschaften – in einer integralen und ungeteilten Erfahrung - findet sich selbst. Nicht nur das, sondern transzendentale Weisheit von jenseits des Abyss scheint in den *Ruach* einzudringen oder ihn zu erheben; ein größeres, das Bewusstsein umspannendes Bewusstsein, eine sich entfaltende Präsenz macht sich bemerkbar. Es ist das Auftauchen einer neuen Art von Leben, die in gewisser Weise den ultimativen Quellen der Realität entspricht; es ist ein Aufwallen des gesamten Selbst hin zu einer unbeschreiblichen Fülle von Leben.

Der Leser wird bemerkt haben, dass ich auf diesen Seiten nichts von dem erwähnt habe, was gemeinhin als Naturmystik bekannt ist, oder von ihren Befürwortern, jenen ernsthaften Menschen, welche durch die stille Betrachtung lieblicher Landschaften mit ihren edlen grünen Bäumen die inneren Festungen der Natur entdeckt haben, welche sich wie in Anbetung zum Himmel erheben und deren geflochtenes Laub sich sanft im Vorüberziehen einer milden Brise wiegt, ihren üppigen, farbintensiven Wiesen und ihren sanften Bächen, die sich unermüdlich ihren Weg durch Feld und Weide zu Mutter See bahnen. Tatsächlich gehört das nicht zu dem Bereich, den ich ursprünglich auf den Seiten dieses Buches darstellen wollte, obwohl einfach und kurz gezeigt werden kann, dass die Erfahrung auch hier einer Analyse fähig ist, beispielsweise durch eine unbewusste Anwendung der oben dargelegten grundlegenden Prinzipien. Der Reichtum und die üppige Vielfalt der überwältigenden Schönheit der weiten arkadischen Felder und sanften Hügel wirken auf eine von zwei Arten, die sich bei verschiedenen Individuen an verschiedenen Orten unterscheiden.

Der ehrfurchtgebietende Frieden und die Ruhe, die im stillen und fernen Schoß der Natur herrschen, können für den ruhelosen Geist eines bestimmten Menschentyps wie ein kräftiges Beruhigungsmittel wirken, und die „Veränderungen des Denkprinzips" werden automatisch auf ganz ähnliche Weise wie bei der Meditation behindert. Dieser Hauptunterschied besteht jedoch; denn im letzteren Fall – bei der Meditation – lenkt der Praktizierende selbst bewusst und nach Belieben den Verlangsamungsprozess der Strudelbewegung seines *Ruach*; während man im ersteren Fall, obwohl die Erfahrung spontan und veredelnd ist, nie einigermaßen sicher sein kann, dass das gewünschte und ersehnte Ereignis eintritt, das in Form der gnädigen Ruhe kommt, wie man sie in einem tropischen Land nach einem schweren und heftigen Regen erlebt. Im zweiten Fall ist dieselbe Landschaft oder die vielfältigen Empfindungen dunkler, geheimer Wälder mit dem Eindruck der Versammlungen der Heerscharen der Mächtigen, der singenden Ströme und Flüsse und des unbeschwerten Zwitscherns der Vögel hoch oben im Himmel – all dies ist wie eine mnemonische Grundlage des Rituals und erzeugt zwangsläufig das, was wir als magischen Effekt bezeichnen können. Das heißt, sie überwältigen den Geist des Empfängers mit grenzenloser Ekstase der Wonne und Freude, und der individuelle *Ruach* überwindet vorübergehend seine hemmenden Barrieren von Gewohnheit, Tabu und Einschränkung und fliegt über den öden Abgrund der Wüste zu seinem *Tsureh*; oder geht andernfalls eine erhabene Verbindung mit der

Seele der universellen Natur ein. Weitere Vergleiche können jetzt nicht angestellt werden, aber ein Beispiel für die Art der erwähnten Naturerfahrung kann vorteilhafterweise in einem ziemlich langen Zitat aus Miss Clare Camerons großartigem Werk *Green Fields of England* gegeben werden:

„Gut die langen Stunden sonnendurchfluteter Stille, in denen durch die weit geöffneten Türen des Geistes das kristallene Licht und die leise Musik des Meeres hereinkrochen, um dort zu verweilen, lange nachdem die Türen wieder geschlossen worden waren. Ob lang im Sand oder unter Wasser getaucht, das Sein war Ekstase. Es gab ein intensives Bewusstsein der Jugend, das man in Städten nicht kennt, lustvolle und glückliche Jugend, die aus der Glut der Sonne und dem Rhythmus des Meeres besteht, ... Der Körper dort im Sand war ein Gefäß, das sie alle enthielt, ein kostbarer und gottgegebener Kelch, voll vor Liebe und Mitleid, den man nicht zu bewegen wagte, damit der magische Wein nicht verschüttet und der Zauber gebrochen würde... Ich dachte, ich wäre nie so glücklich gewesen, dass ich vom Wein der Götter getrunken hatte und nicht von den gewöhnlichen Elementen der Erde, und vage ahnte, dass sie ein und dasselbe sein könnten... Denn in ihnen verborgen und doch enthüllt war jene geheime Schönheit, die im Herzen aller schönen und lebenswichtigen Dinge brennt, zugleich Schwert und Balsam, der Talisman der Wahrheit und das Brot des Lebens."

".. beobachtete die eifrige Erde, die auf die Glut des Himmels reagierte. Sie wurden eins, als die Farbe verblasste und die Dämmerung sich senkte, um die mystische Ekstase ihrer Vereinigung zu verhüllen. Schöne, männliche Erde. Schöne, mächtige See. Zarter Himmel und berauschende Küsse aus Luft. Meine Götter, meine Geliebten, meine Freunde. Tagsüber war es genug, bei ihnen zu sein, ihrem Spielkameraden, dem fröhlichen Verbündeten, ihrem privilegierten Zuhörer von Geheimnissen, die nie ganz enthüllt wurden, von Weisheiten, die nie ganz verstanden wurden; eins mit ihnen, starke junge Hände in ihren, starke junge Füße, die nebenher rannten, dieselbe Freude im Herzen und Glut im Blut, dieselbe unaussprechliche Liebe zum Leben. Aber nachts in der kühlen, duftenden Dunkelheit, bevor das Land unter dem blauen Mond der Irrlichter verzaubert wurde, kam eine Unruhe aus der Luft und überfiel die Sinne, die weder Reden noch Gehen, noch Lesen noch Lachen besänftigen konnte. Als ob die Flöten des Pan noch erklangen, dünn und süß und mit einer Musik, die trotz ihrer Moll-Tonart verführerischer war als alles, was man im Sonnenlicht hörte. Als ob die Spiele und Freuden des Tages mit unsichtbaren Gefährten nicht genug wären, sondern nachts weiter in noch unbekannte Gebiete führten, wohin der sterbliche Verstand nicht folgen konnte... Keine verbotenen Gebiete, sondern geheime, verlorene, vor dem gröberen menschlichen Verstand verborgen. „Komm, komm! Folge, folge!" Ein unbeschreiblicher Frieden kehrte mit mir zurück nach diesem müßigen Umherwandern, denn der Geist des Wassers war im stillen Rhythmus von Füßen und Herz über den Sand neben mir gegangen, ein Geist, der in meinen eingedrungen war und mir unaussprechliche Freude und Fülle und ernste Zufriedenheit brachte und mit mir den sandigen Pfad und die krummen Treppen hinauf und in die riesigen Reiche des Schlafes ging..."

Die von der Kabbala angewandten Methoden bringen eine neue Wissenschaft in die Welt und bieten ein enormes Forschungsfeld für alle, die sich damit befassen möchten. Der Wissenschaftler wird nicht klassifizierte Phänomene entdecken, die er aufzeichnen und analysieren kann. Dem Philosophen werden neue Bewusstseinszustände offenbart; Zustände, die aufgrund des Pfades, dem er gefolgt ist, seiner Untersuchung bisher verwehrt blieben. Aus psychologischer Sicht trifft das Folgende auf die hier besprochene Erfahrung zu:

1. Die Ergebnisse sind von unserem gewöhnlichen Standpunkt aus völlig unlogisch, aber sie vermitteln eine einzigartige Form von Wissen, die nichts Anderes vermitteln kann.

2. Die mystischen Zustände aller Menschen, unabhängig vom Alter, weisen eine außerordentliche Ähnlichkeit auf.

3. Sie sind mit etwas verbunden, das die Wirklichkeit repräsentiert.

4. Die Erfahrung bringt eindeutige Ergebnisse hervor –
genius.

Die Erfahrung bringt Kunst und Genie in jedem Bereich
von Unternehmung hervor, weil darin alle Formen zu sprechen
scheinen und eine unmittelbare Intuition der Form gewonnen
wird. Man wird ein aufmerksamer und williger Beobachter des
Lebens selbst und nicht der Äußerlichkeiten, die das Leben verwendet, und aus der beseligenden Vision liest man die Bedeutung der Existenz, und durch diese Bilder schult man sich für
das Leben und seine Wertschätzung im Ausdruck als Genie.

Die psychologischen und spirituellen Phänomene der
Meditation und Magie, als Ganzes, müssen wissenschaftlich von
einer rein analytischen Sichtweise aus analysiert und die Bedingungen, die zu einer mystischen Erfahrung führen - ganz abgesehen von den mehr oder weniger wilden und verschwommenen
Launen sektiererischer emotionaler Mystiker - genau beobachtet
werden.

Das ist es, was einige wenige aufrichtige Menschen verlangen. Durch die Befürwortung einer wissenschaftlichen Methode, die auf diese Methoden und Ergebnisse angewendet wird,
soll die kabbalistische Forschung ebenso systematisch und wissenschaftlich wie die Physik gemacht, von der Missgunst befreit
und zu einem Gegenstand des Respekts jener gemacht werden,
die aufgrund ihres Geistes und ihrer Integrität ihre Vorteile am

dringendsten brauchen und am geeignetsten sind, sie zu erlangen. Dies ist die dringende Notwendigkeit. Indem wir uns bestimmte alte Ideen aneignen und sie unserer Klassifizierung hinzufügen, sie überarbeiten, um sie modernen Vorstellungen und Anforderungen anzupassen, schlage ich vor, dass wir eine ideale Batterie haben, mit der wir die Festungen zwischen uns und der Erlangung der Wahrheit angreifen können.

Von den Rosenkreuzern erben wir (ohne in eine polemische Diskussion darüber einzutreten, ob es gegenwärtig eine echte Organisation in direkter Abstammung von der übergeordneten Quelle gibt) ein System von Graden, das wir in der folgenden Weise tabellarisch darstellen können:

1. Kether   Ipsissimus $10° = 10\square$
2. Chokmah   Magus $9° = 2\square$
3. Binah   Magister Templi $8° = 3\square$
4. Chesed   Adeptus Exemptus $7° = 4\square$
5. Geburah   Adeptus Major $6° = 5\square$
6. Tipharas   Adeptus Minor $5° = 6\square$
7. Netzach   Philosophus $4° = 7\square$
8. Hod   Practicus $3° = 8\square$
9. Yesod   Zelator $2° = 9\square$
10. Malkuth   Neophyte $1° = 10\square$

Die Gradzahlen, wie 3° = 8□, implizieren einen Vorgang, bei dem es um die Gleichsetzung von Saturn und Merkur geht.

Sie sollen einen auch daran erinnern, dass, wenn man zum Beispiel mutlos ist, drei Hauptäste des großen Lebensbaums erklommen wurden; wenn man egoistisch und stolz ist, dass acht weitere Sprossen von gleicher Wichtigkeit noch erklommen werden müssen und dass die meisten Schwierigkeiten noch unbewältigt sind. Alles in allem harmonisiert die Zahl die Vorstellung von bereits geleisteter Arbeit mit noch zu erzielenden Vorteilen.

Sehen wir uns nun dieses System an und sehen wir, inwiefern unsere Beschreibung der Pfade der Magie und Meditation mit dem Baum des Lebens zusammenhängt, wobei wir die ganze Zeit die Zuschreibungen und die Bedeutung jeder Sephira im Hinterkopf behalten.

Der Schüler gilt als in Malkuth, nachdem er eine Probezeit durchlaufen hat, in der er sich mit den verschiedenen Techniken vertraut gemacht hat, die in seinem nächsten Grad anzuwenden sind. Als Neophyt besteht seine besondere Aufgabe darin, die vollständige Kontrolle über die sogenannte Astralebene zu erlangen und über den zweiunddreißigsten Pfad des Tav nach Yesod zu gelangen. Es wird hilfreich sein, die Tabelle des Baums des Lebens auf Seite 19 zu konsultieren, um die Erklärungen zu erleichtern. Die Idee eines Astralkörpers wird dem Leser, der die Aussagen des Kapitels mit dem Titel *Adam Kadmon* verstanden hat, nicht völlig fremd sein: Dieser Körper muss vollständig formuliert, gestärkt und gereinigt werden, bis er unabhängig vom physischen Körper als heller, glitzernder und klar umrissener Organismus funktionieren kann, der gut mit den Phantomen dieser Ebene umgehen kann. Seine Fähigkeit, auf dieser Ebene klar und genau zu sehen, wird geprüft, indem er in einer Vision ein ihm völlig unbekanntes und unverständliches Symbol interpretiert. Es muss so präzise beschrieben werden, als hätte er darüber in dem Buch gelesen, aus dem es ausgewählt wurde.

Die Aufgabe besteht derzeit auch darin, ein Pentakel zu konstruieren, in das ein vom Schüler selbst erdachtes Symbol eingraviert werden soll, um seine Vorstellung vom Universum auszudrücken.

Bei seinem Aufstieg zum Grad des Zelator muss er sich den ersten Stufen des Yoga widmen, nämlich Asana und Pranayama. Er muss eine Position zum Meditieren wählen und sie so beherrschen, dass er für längere Zeit absolut still bleiben kann. Sein Erfolg wird dadurch gemessen, dass er auf seinem Kopf eine bis zum Rand mit Wasser gefüllte Tasse balanciert, aus der kein einziger Tropfen verschüttet werden darf.

Beim Pranayama muss er genau herausfinden, welche Wirkung verschiedene Atemfrequenzen und -modi auf die Grundlagen seines Seins haben. Man wird sich erinnern, dass der Grad des Zelator Yesod, der Grundlage, zugeschrieben wird.

Die magische Seite der Aufgabe in diesem Grad besteht darin, ein mächtiges magisches Schwert aus Stahl zu schmieden (das die analytische kritische Fähigkeit seines *Ruach* darstellt), mit dem der Schüler bereit sein muss, ohne Vorwarnung jene blinden Kräfte niederzuschlagen, die vor ihm stehen und seinen Fortschritt zu dem Ziel, das er jetzt vor Augen hat, behindern.

Als Practicus (in Hod, der Sphäre von ☿, deren Gott Merkur ist, beheimatet) wird von ihm erwartet, dass er seine intellektuelle Ausbildung abschließt. Philosophie und Metaphysik sind die Mittel, um diese Aufgabe zu erfüllen, und insbesondere die Heilige Kabbala, die er beherrschen muss, bevor er fortfahren kann. Er muss selbst die Eigenschaften einer Zahl entdecken, die er noch nie zuvor untersucht hat, und bei der Beantwortung intellektueller Fragen muss er keine geringere Beherrschung seines Fachs zeigen, als wenn er an der Abschlussprüfung für einen Doktor der Naturwissenschaften oder Philosophie teilnehmen würde.

Auch hier wird von ihm erwartet, dass er seinen magischen Kelch herstellt, der Neschamah, sein Verständnis und seine Intuition, darstellen soll; und er muss die magischen Rituale der Beschwörung durchführen und beherrschen. Die Ergebnisse der Beschwörung sollten für das physische Auge unverkennbar wahrnehmbar sein. So wie normalerweise eine dicke

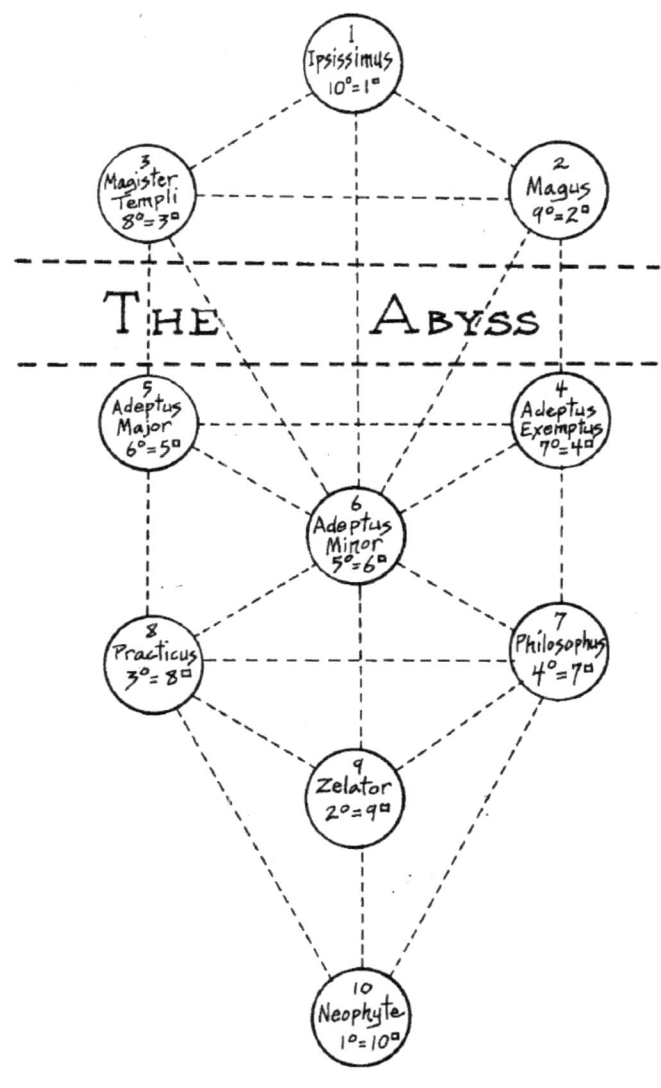

Abbildung 10
DIE GRADE AUF DEM BAUM

Wolke aus schwerem Gas sichtbar ist, sollte der Practicus in entsprechender Art und Weise zumindest den in seinem magischen Ritus heraufbeschworenen Geist sichtbar machen.

Als Philosoph betritt er die Sphäre der Venus, um hier zu lernen, seine emotionale Natur richtig zu kontrollieren, seine moralische Ausbildung zu vervollständigen und seine Hingabe zu entwickeln. Er soll eine bestimmte Idee oder einen Gott wählen und sich mit ganzem Herzen dessen Anbetung widmen, bis er in seinem eigenen Herzen erblüht. Er muss dieses Ideal auf verschiedene Weise betrachten, als seinen Meister, seinen Freund, seinen Elternteil, seinen Geliebten oder sich selbst als Priester seines Gottes. Dies ist Bhakta Yoga, die Vereinigung durch den Pfad der Hingabe.

Im ersten Fall gibt er alle Überlegungen zu persönlichem Komfort und Belohnung um Seinetwillen auf; und im zweiten Fall betrachtet er seinen auserwählten Gott als seinen liebsten Freund und fühlt sich in Seiner Gegenwart nicht eingeschränkt. In seiner Liebe ist keine Spur von Ehrfurcht, denn er betrachtet sich selbst als das Kind seines Gottes, von dem er nicht länger respektvollen Abstand hält oder sich mit schüchternem Herzen nähert. Für den Geliebten bedeutet der bloße Gedanke an Trennung für den Philosophus das größte Elend, die größte Verzweiflung und den größten Kummer. Er betrachtet sich dann als Hohepriester seines Gottes und fleht ihn an, als Antwort auf die

Gebete und Anrufungen zu erscheinen, und versucht, eine Hingabe herzustellen, die der des heiligen Franziskus von Assisi für Christus und der von Abdullah Haji Shiraz für Allah gleichkommt.

Zu diesem Zeitpunkt ist auch die Gestaltung seines Zauberstabs notwendig. Der Zauberstab ist das Symbol für den magischen Willen, den er zu einem mächtigen Potenzial entwickelt, das in der Lage ist, durch eine bloße Geste Veränderungen herbeizuführen.

Diese vier Grade, die Tipharas und der Vollendung der damit verbundenen Aufgaben vorausgehen, können als das Äquivalent des hebräischen Lobtitels Chassid bezeichnet werden.

Er nähert sich nun der größten Krise seiner Karriere. Nachdem er sich mit allen technischen Methoden der Magie und Meditation vertraut gemacht und den Umgang mit all diesen Waffen geübt hat, muss er sie harmonisieren (da sein Grad in Tipharas - Harmonie ist) und sie nach seinen Erfahrungen und seinem Instinkt einsetzen, um die zentrale Aufgabe aller Mystik und Magie zu erfüllen – das Erlangen des Wissens und der Konversation mit seinem Heiligen Schutzengel, die Entdeckung seines Wahren Willens und die Feststellung der Himmelsbahn, der er wie ein Stern folgen muss. Dies ist die wesentliche Arbeit eines jeden Menschen; keine andere ist ihr gleichgestellt, weder für den persönlichen Fortschritt noch für die Fähigkeit, seinen Mitmenschen zu helfen oder die Probleme der Existenz zu lösen. Diese Krise und eine weitere, die noch beschrieben werden muss, sind ein notwendiges Merkmal seiner mystischen Laufbahn, das für seine Suche absolut wesentlich ist.

Über die oben genannten Grade 5° = 6$^\square$ zu schreiben, wird zunehmend schwieriger, da der Leser, ohne selbst Adeptus Minor zu sein, gar keine Möglichkeit hat zu verstehen, was der Adept als notwendige Aufgabe betrachtet, da sein Standpunkt sich enorm von dem eines gewöhnlichen Gelehrten unterscheidet. Dennoch kann das Wenige, das aus dem Heiligtum herausgefiltert wurde und aus der Tradition überliefert ist, hier ebenso gut wiedergegeben werden. Um Adeptus Major (in der Sphäre der Geburah - Macht) zu werden, beschäftigt sich der Adept mit der Untersuchung jedes Zweigs und jeder Formel der praktischen Magie und erwirbt das, was als Siddhis oder magische Kräfte bekannt ist.

Er steigt dann zum Grad 7°=4$^\square$ auf, dem Adeptus Exemptus. Seine Aufgabe besteht darin, herauszufinden, *was* er ist, woher er gekommen ist, warum er hier auf diesem bestimmten Planeten und keinem anderen ist, und wohin ihn sein Schicksal führen wird. Dies wird durch die Kultivierung der Erinnerung an seine vergangenen Inkarnationen erreicht. Er wird mit einem abscheulichen Buckligen (?) konfrontiert, der ihm mit erhobener Keule spöttisch gegenübersteht. Es gibt kein Atom in seiner Natur, das verschoben werden kann, ohne ihn in irgendeiner Weise zu verändern; keinen nutzlosen Moment in seiner Vergangenheit. Was ist also seine Zukunft? Der Adept hat literarische Fähigkeiten oder vielleicht Kenntnisse in mehreren Sprachen; kann etwas malen und hat Kenntnisse in Chemie? Wie helfen diese Errungenschaften seinem Ziel oder dem der Menschheit, der zu helfen er geschworen hat? Er wurde in vergangenen Äonen als Schlange getötet; nach mosaischem Gesetz gesteinigt; als Kind von Herodes ermordet; wie helfen ihm solche Erinnerungen?

Seine Aufgabe ist es daher, diese abstrusen Fragen zu lösen, bis er die Vernunft für immer gründlich gemeistert hat; Wenn er die Ereignisse seiner Vergangenheit hinter sich gelassen und einen Zweck für jedes Teil seiner gegenwärtigen Ausrüstung gefunden hat, kann er nicht fortfahren.

Nachdem er dies getan hat, bereitet er eine These vor, in der er sein Wissen über das Universum darlegt. Man sagt, dass Werke wie die von Paracelsus, Robert Fludd, Newton, Berkeley, Swedenborg und Levi´s *„Clef des Grand Mysteres"* hervorragende Beispiele für die erforderliche Art von These sind. Er sollte ein vollständiger Meister aller Aspekte des Yoga sein und die Natur des Samadhi erfahren und gründlich untersucht haben, das er als den einzigen Bewusstseinszustand betrachten muss, in dem er die Natur des Universums erforschen kann.

Diese drei Grade der Adeptschaft sind verschiedene Grade der Heiligkeit, und der Adept von heute ist das Äquivalent des Kabbalisten, der in vergangenen Tagen als Zaddik oder Heiliger bekannt gewesen wäre.

Um den nächsten Grad des Magister Templi (Binah, die Sphäre des Saturn, die Zeit, der große Sensenmann und Tod) zu erreichen, muss er sich für die zweite und wichtigste Operation seiner Laufbahn entscheiden – die Überquerung des Abyss und die Zerstörung seines eigenen Egos. Die Notwendigkeit hierfür entsteht aus der Erkenntnis, dass er nicht für immer ein Adept bleiben kann, da er von der unwiderstehlichen Wucht seiner eigenen inneren Natur hinweggeschleudert wird. Die wesentliche Errungenschaft besteht in der absoluten Vernichtung der Fesseln des *Ruach*, die Yechidah einschränken und unterdrücken. Dies ist das Paradox des Pfades. Nach unglaublichen Schwierigkeiten und Kämpfen, um sich selbst (*Ruach* – das in Tipharas zentrierte Ego) auf jede erdenkliche und denkbare Weise zu vervollkommnen, muss er es am Ende vollständig loswerden, wenn er an den Punkt kommt, das Selbst dem SELBST zu überlassen.

Das Paradoxe ist auch, dass in Binah die Wahrheit erlangt wird, aber leider gibt es jetzt keine separate persönliche Entität, um diese Wahrheit zu genießen. Der Adept, der war, der separate *Ruach*, die glorreiche und entwickelte Persönlichkeit, ist für immer in jenem unbeschreiblichen Großen Meer aufgelöst worden, dem Nirvanischen Pleroma der Mutter – der Himmlischen Stadt, der Stadt der Pyramiden unter der Nacht des Pan. Als selbstbewusste Entität hat er alles, was ihn zu dem gemacht hat, in den universellen Strom des Bewusstseins aufgelöst und sich mit der göttlichen Shechinah identifiziert, dieser inneren Existenz der Gnade, die der gesamten Menschheit gemeinsam ist. Oder, wie andere Mystiker sagen würden, er hat jeden Tropfen seines Blutes in den goldenen Kelch unserer Herrin Babalon verströmt, die Shechinah ist, die göttliche Präsenz in Binah, und wenn sich dieses Leben mit dem Leben jedes Individuums vermischt hat, ist alles, was von ihm übrigbleibt, nur eine kleine Pyramide aus Staub, die in der Urne des Hermes aufbewahrt wird. Doch ist es, um weiterhin paradox zu sein, nicht so sehr eine Selbstzerstörung als vielmehr eine Rückkehr zur zugrundeliegenden Realität. Es ist eine Zerstörung der lähmenden Fesseln von *Ruach*, offenbart aber jenes grundlegende Leben, das die gesamte Manifestation formt und durchdringt. Gleichzeitig bleibt die Individualität erhalten – jubelnd erhalten, wie Blavatsky in *The Voice of the Silence* schrieb: „Freut euch, oh Menschen von Myalba. Ein Pilger ist vom ‚anderen Gestade' zurückgekehrt. Ein neuer Arhan ist geboren."

Was tatsächlich zerstört wird, ist lediglich die unbewusste Illusion eines getrennten Selbst und die Beschränkungen, die diese Illusion früher dem lodernden Stern oder der Monade im Inneren auferlegte. Es ist lediglich die Verschiebung des Standpunkts von dem, das kein *wirkliches* Eigenleben hat, zu einem neuen und edleren Zentrum der Wiederintegration, das lebenswichtig, real und ewig ist.

Es ist jedoch kein bloßer intellektueller Standpunktwechsel. Es ist unendlich mehr als eine rationale Entscheidung, sich selbst in eine höhere Bewusstseinsebene zu integrieren und diese Ebene in allen Dingen zu sehen, denn der Wechsel ist ausschließlich auf die erschütternde Erfahrung zurückzuführen, dass der Schwerpunkt sozusagen jenseits des Abyss liegt. Das Große Werk selbst besteht aus einer einfachen Operation – diesem Standpunktwechsel, der Tötung des Zerstörers der Realität – des Geistes. Doch trotz Äonen von evolutionärer Anstrengungen zur Entwicklung einer hochkomplexen Organisation und Struktur, durch die wir mit dem „äußeren" Universum in Kontakt treten und Erfahrungen sammeln können, sind wir nicht in der Lage, diese Einfachheit zu erkennen und diese Operation von Anfang an durchzuführen. Daher sind wir gezwungen, uns mühsam durch diese schwierigen Aufgaben zu kämpfen, um den richtigen Grad an Einfachheit zu erreichen und den Schleier zu durchdringen, um unser SELBST zu finden, die spirituelle Kraftzentren, Yechidos, die vor Leben, Zielstrebigkeit und Göttlichkeit strahlen.

Prof. Martin Bilber spricht in seinem großartigen Werk über jüdische Mystik von einem höheren Typus von Zaddik, dessen Ekstasen und spirituelle Trunkenheit aufgehört haben. Warum haben sie aufgehört? Weil die Seligsprechung und Ekstase kontinuierlich sind und nicht im *Ruach*, sondern im himmlischen Sephiroth stattfinden, wo die wahren Kräfte und spirituellen Elemente eines Menschen „wohnen". Daher wird der Inhaber eines dieser drei Grade, die zum Inneren Kollegium der Meister gehören, als Zaddik bezeichnet, aber seine Zaddikschaft liegt auf einer viel edleren und erhabeneren spirituellen Ebene. Ein passenderer Titel ist vielleicht Baal Shem Tov – ein Meister des göttlichen Namens.

Wenn es schon schwierig war die Grade der Adepten zu beschreiben, dann ist es völlig unmöglich, jene Grade der Meisterschaft oberhalb des Abyss zu beschreiben, denn nichts könnte auf irgendeine Weise Natur und Zweck des wirklich großen Zaddik erklären, der Magus und Ipsissimus ist. Hier muss meine Feder schweigen.

Die Kabbala, um die ganze Situation zusammenzufassen, betont das Erreichen eines transzendentalen Bewusstseinszustands als nächsten Schritt für jeden Menschen, und ich habe versucht, die wesentliche Natur dieser mystischen Erfahrung zu verdeutlichen, ohne die es weder Frieden noch Vollendung gibt, die Schritte, die zu ihrer Vollendung führen, und eine Darstellung der spirituellen Formel, mit deren Hilfe die Bedeutung ihrer Offenbarung begriffen werden kann.